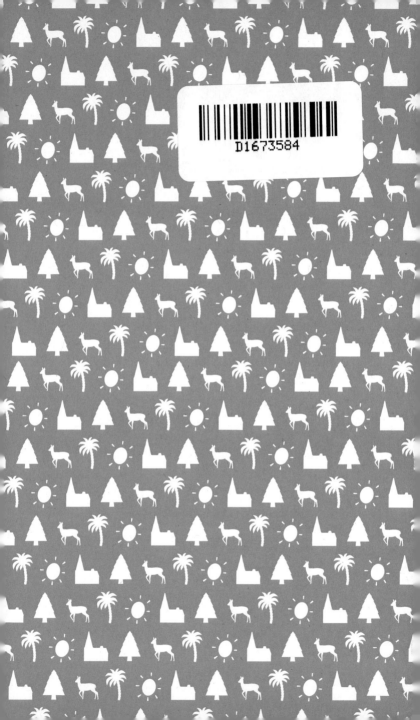

Impressum

Texte der 1. Auflage: Sascha Becker, Diana-Isabel Scheffen, Sarah Schönfeld, Kirsten Schwarzer, Eva Stannigel

Redaktionelle Bearbeitung und Aktualisierung der 2. und 3. Auflage:

Diana-Isabel Scheffen

Satz & Lektorat: Pfeffer & Stift GmbH
Nachhaltige Agentur für Text, Gestaltung und Publishing
www.pfefferundstift.de

Druck und Weiterverarbeitung:

Druckerei Fehrle, Freiburg
www.druckerei-fehrle.de

Gedruckt mit regionalem Ökostrom der Bürger Energie St. Peter eG auf 100% Recyclingpapier. Aktuell unvermeidbare Emissionen (511 kg CO_2) wurden über atmosfair.de kompensiert. www.rap-verlag.de/bonnzertifikat.html

ISBN: 978-3-942733-63-2

3., überarbeitete Auflage 2018/19

© rap verlag, Stegen-Eschbach, in der R.A.P. Presse-Verlag-Werbung GmbH
Kontakt: kontakt@rap-verlag.de

ENDLICH BONN!

Dein Stadtführer

Inhalt

Bonn endlich

endlich

endlich Bonn

ndlich

Bonn ... endlich!

Ex-Hauptstadt, Rheinidylle, Studentenhochburg, Geburtsort Beethovens, Heimat des rheinischen Frohsinns, Museumsstadt, Sitz der Vereinten Nationen, Gummibärchenparadies, gemütlichste Großstadt der Welt – und du endlich mittendrin!

... aber schon gehen die Probleme los: Du liest unzählige Wohnungsanzeigen, weißt aber nicht, in welchem Stadtteil du schön, naturnah, günstig, studentisch oder besonders exklusiv wohnen

kannst. Du möchtest am Wochenende mal so richtig im Nachtleben schwelgen, landest aber – du wusstest es nicht besser – beim gemächlichen Tuba-Abend. Du hast vergessen, für den Sonntag einzukaufen und keine Ahnung, wo du jetzt noch was zu essen herbekommst. Das sind nur einige klassische Hürden, die eine neue Stadt so mit sich bringt.

Meist dauert es eine halbe Ewigkeit, bis man sich richtig gut auskennt und bis dahin muss man so einiges über sich ergehen lassen. Aber jetzt ist Schluss damit: Dieses Buch soll dir eben diese Jahre voller Selbstversuche, Entgleisungen und Kompromisse ersparen und dir helfen, dich in deiner Stadt von Anfang an zu Hause zu fühlen. Essen, Trinken, Feiern und Genießen, Freizeit, Kultur, Spaß und einfach Leben – genau darum geht es in

ENDLICH BONN!

Damit du das alles so richtig auskosten kannst, ist unsere Redakteurin
Diana-Isabel Scheffen auch für die
mittlerweile 3. Auflage wieder durch
die ganze Stadt gestreift – immer auf
der Suche nach den schönsten Ecken,
den besten Leckerbissen, den ausge-
fallensten Kuriositäten und dem
besonderen Etwas in Bonn. Sie hat
viele, viele Kilometer zu Fuß, mit

dem Fahrrad, den Öffentlichen und so gut wie nie mit dem Auto
zurückgelegt, Klemmbrett und Kamera in der Hand, hat Notizen
gemacht, Fotos geschossen und dabei Regen und Wind getrotzt.
Das alles hat sich aber wirklich gelohnt, denn heute hältst du tatsächlich dieses Buch in deinen Händen.

Es ist vorläufig fertig, soll sich aber als dein persönlicher Ratgeber
und Begleiter immer wieder verändern und weiterentwickeln. Das
Tolle ist also, du darfst – ja sollst sogar – in diesem Buch herumma-
len, Kommentare an den Rand schreiben,
Sachen durchstreichen, markieren und
aktualisieren und ihm deine persönliche
Note verleihen (Natürlich nur, wenn es
dir auch gehört, nicht, wenn du es gerade in der Buchhandlung anschaust). Um
dir die Hemmungen zu nehmen, haben
wir selbst schon einmal angefangen
mit Kritzeln, Malen und Markieren ...

Wir wünschen dir viel Spaß!

Dein

Häus

zu Hause

zu Hause

zu Hause

zu Hause

endl

Wo
Wo wohnst Du?
Wo wohnst Du?
Wo

Heimat
Gartenzaun
wohnen
schön
zu Hause
gemütlich
endlich

Gartenzaun
schön
Häuschen
Nachbar
nen
Nachbar
gemütlich
nung Wohnung
Park
Wohnung
zu Hause
Häuschen
schön
Heimat
endlich

Bedienungsanleitung

Sich in einer neuen Stadt zurecht-
zufinden, ist nicht immer ganz
einfach – und schon gar nicht in
einer Großstadt. Schon bei der
Wohnungssuche kann sich die
Orientierungslosigkeit rächen.
Dabei ist das Wichtigste (neben
Uni oder Job) natürlich, die passende Bleibe zu finden, in der du
dich auch wohlfühlst. Schließlich willst du hier nicht nur
schlafen, sondern auch ein paar
lauschige, gemütliche oder gesellli-
ge Stunden mit Freunden verbringen.

Aber ganz so leicht ist das leider nicht, denn du hast einfach keinen
Plan, welcher Teil der Stadt nun für DICH der richtige ist. Mehr oder
weniger ratlos durchblätterst du also die Wohnungsanzeigen und
stellst fest: Bonn ist eine große Stadt mit (beinahe) beunruhigend
vielen Ortsteilen, was den Überblick nicht gerade erleichtert. Da
gibt es Bonn-Castell, die Weststadt, Endenich, Poppelsdorf, Pennenfeld, Beuel-Mitte und, und, und. Selbst wenn man schon einige Jahre in der Stadt lebt, hat man sicherlich noch nicht alle Ecken ken-
nengelernt und weil man im Alltag natürlich die kürzesten Wege
nimmt, bleibt manchmal viel Spannendes unentdeckt.

Wir wollen dir bei der Entscheidung, welcher Teil der Stadt der richtige für dich ist, helfen: Auf den nächsten Seiten findest du kurze
Beschreibungen aller Ortsteile. So weißt du in etwa, was dich dort
erwartet – und das besondere Lebensgefühl vermitteln wir dir
gleich mit dazu. Du siehst also fast auf einen Blick, ob du dir vorstellen kannst, hier zu wohnen oder nicht.

Zu deiner Übersicht haben wir die wichtigsten Eckdaten der Ortsteile in unseren praktischen **Infoboxen** zusammengefasst. Dabei handelt es sich natürlich um Durchschnittswerte. Für detailliertere Infos und die kleinen, feinen Unterschiede innerhalb eines Ortsteils musst du dann schon den Text lesen.

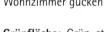

Miethöhe: Von unschlagbar günstig bis unglaublich teuer gibt es in Bonn alles. Hier siehst du schnell, ob dieser Ortsteil zu deinem Geldbeutel passt.

Einwohnerdichte: Wie eng lebt es sich in diesem Ortsteil? Musst du zu deinen Nachbarn eine richtige Wanderung unternehmen oder kannst du von deinem Balkon aus hundert Leuten gleichzeitig ins Wohnzimmer gucken?

Grünfläche: Grün steht jedem. Wie sehr dich dein Ortsteil mit Grünflächen, Wald und Wiese verwöhnt oder ob du mit der Lupe danach suchen musst, verrät dir die Infobox.

Distanz zum Münsterplatz: Der Münsterplatz liegt im Herzen Bonns und lässt sich dank der hoch aufragenden Münstertürme auch ganz gut anpeilen. Er ist der ideale Ausgangspunkt für Shopping oder eine Kneipentour, aber vor allem kommst du von hier aus schnell zum Hauptbahnhof, zur Uni, zum Hofgarten, zum Markt oder zum Rhein. Die „Distanz zum Münsterplatz" zeigt dir auf einen Blick, wie zentral ein Ortsteil liegt und wie viele Kilometer du auf dich nehmen musst, um in die City zu gelangen.

Lieblingsplatz: In jedem Teil der Stadt ließen sich hübsche Plätze finden, wenn man nur die Zeit dazu hätte. Zum Glück haben wir da etwas vorbereitet: In jedem Ortsteil verraten wir dir unseren Lieblingsplatz oder einen anderen ganz besonderen Ort, der ein Muss ist, wenn du in der Nähe deine Zelte aufschlägst, für den sich aber auch eine kleine Anreise mit dem Fahrrad lohnt.

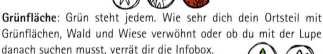

Bonn

endlich

endlich

endlich

Bonn

ndlich

Bezirk Bonn: der Norden

Nördlich vom Zentrum und direkt am Rhein liegen die Ortsteile Bonn-Castell und Graurheindorf. Vor allem ihre Nähe zum Fluss macht diese Viertel attraktiv. Landeinwärts folgen vom Zentrum aus gesehen die Nordstadt, Tannenbusch, Auerberg und Buschdorf. Besonders moderne Bauten und Wohntürme charakterisieren einige der nördlichen Ortsteile, aber auch zahlreiche Studentenwohnheime liegen im Bonner Norden.

Grünflächen, wie beispielsweise der Grünzug Bonn-Nord oder das Naturschutzgebiet in Tannenbusch, sorgen zwischen all dem für Frischluft und Naherholung.

1 Tannenbusch

Tannenbusch ist geprägt durch seine Hochhäuser. Eins reiht sich ans andere und auch die Studentenwohnheime „Tabu I" und „Tabu II"

machen da keine Ausnahme. Zwar ist ihnen ein fröhlich-bunter Anstrich verpasst worden, doch auch das kann nicht über die Tatsache hinwegtäuschen, dass Tannenbusch nicht gerade die beliebteste Wohngegend Bonns ist.

Tannenbusch ist eine Trabantenstadt. Die Bebauung entstand in den 70er Jahren in Folge akuter Wohnungsknappheit und der Baustil galt damals als modern. Heute hat das Ganze aber tatsächlich auch Vorteile: Die Mieten sind relativ niedrig, es gibt ein sehr

großes Einkaufszentrum und die Innenstadt ist von hier aus gut mit den öffentlichen Verkehrsmitteln zu erreichen.

Lieblingsplatz: Inmitten der großen Mietshäuser kannst du eine seltene Binnendüne bewundern, die unter Naturschutz steht. Zwar ist sie stark bewachsen und erst bei näherem Hinsehen als Düne auszumachen, der sandige Untergrund verrät sie dann aber doch. Die Anwohner sind stolz darauf, eine solche Besonderheit ihr Eigen nennen zu dürfen und die typische Tier- und Pflanzenwelt in dem Gebiet wird von der Biologischen Station Bonn sorgfältig gepflegt. Das **Naturschutzgebiet Düne** funktioniert wie eine kleine grüne Lunge, an heißen Tagen kannst du dir hier wunderbar etwas frische Luft verschaffen.

2 Buschdorf

Vom Rhein aus kommst du durch den Engländerweg, vorbei an Apfelbaum-Plantagen, nach Buschdorf. An seinen äußeren Grenzen besitzt Buschdorf also durchaus ländliches Flair, ganz in der Nähe liegt allerdings auch ein Gewerbegebiet. Das Viertel

wartet mit einem klitzekleinen Ortszentrum mit einem noch kleineren denkmalgeschützten Fachwerkhäuschen auf. Ansonsten beherrschen Einfamilienhäuser das Bild, WG-Angebote gibt es nur selten. Wegen der verkehrsgünstigen Lage bietet sich Buschdorf aber nicht nur für Bonner an, sondern auch als Wohnort für Pendler, die in Köln arbeiten.

Lieblingsplatz: Bei einem Sommerspaziergang durch die an Buschdorf angrenzenden Felder kannst du genüsslich die ländliche Atmosphäre aufsaugen. Staub wirbelt nur dann herum, wenn die Traktoren über die Äcker preschen.

3 Auerberg

In Auerberg sind viele Straßen nach europäischen Hauptstädten benannt. Hier wohnt man in der Brüsseler Straße, der Londoner Straße oder der Wiener Straße. So fühlt sich auch der Student aus dem europäischen Ausland sofort heimisch, z. B. im Studentenwohnheim in der Pariser Straße.

INFOBOX

Miethöhe:

Einwohnerdichte:

Grünfläche:

Distanz zum Münsterplatz: 3,6 km

Auerbergs Optik wird aber trotz der verlockenden Namen von Wohntürmen und eher moderneren Häusern geprägt. Und auch ein natürlich gewachsener Ortskern fehlt. Das Einkaufszentrum Auerberger Mitte ist zwar für ein solches Flair nur ein schlechter Ersatz,

es bietet dafür aber auch über den täglichen Bedarf hinausgehende Einkaufsmöglichkeiten. Zu Hauptstadtzeiten gehörte Auerberg zum offiziellen Programm bei Staatsbesuchen, denn die internationalen Gäste legten am offiziellen Ehrenmal der Bundesrepublik Deutschland auf dem Nordfriedhof Kränze nieder.

Lieblingsplatz: Im Grün um Auerberg kannst du schön spazieren gehen und dir dabei den **Müllestumpe** anschauen, das letzte Überbleibsel einer alten Windmühle.

4 Graurheindorf

Graurheindorf heißt nicht etwa so, weil es hier besonders grau und langweilig wäre. Der Name kommt vielmehr von dem grauen Ordenskleid, das die hier vor etwa 1.000 Jahren ansässigen Zisterzienserinnen trugen. Graurheindorf gehört zu den Ortsteilen, hinter denen es äußerst ländlich wird: Felder und Wiesen en masse. Am Bonner Hafen kannst du dagegen ein bisschen Industrieluft schnuppern und beobachten, wie große Container verladen werden.

Auf der gegenüberliegenden Rheinseite befindet sich die idyllische Siegmündung: Von Graurheindorf aus kannst du einfach mit der Fähre übersetzen. Wie auch Gronau und die anderen Bonner Ortsteile, die direkt am Rhein liegen, ist Graurheindorf vom Hochwasser

INFOBOX

Miethöhe:

Einwohnerdichte:

Grünfläche:

Distanz zum Münsterplatz: 3.5 km

Bonn

endlich

endlich

Bonn

dlich

bedroht. Beinahe schon regelmäßig steht den Bewohnern das Wasser bis zum Hals. Sie verlieren dadurch aber offenbar nicht ihre gute Laune, denn genauso regelmäßig werden hier Feste gefeiert, von denen einige fest im Brauchtum verankert sind.

Wenn z.B. bei der Kirmes Ende August der „Gebrannte" ausgeschenkt wird, kann man das Singen und Lachen weithin hören. Und einmal im Jahr wird Graurheindorf richtig bunt: Beim „Elefantenrennen" paddeln Teams in fantasievollen Kostümen auf dem Rhein um die Wette.

Lieblingsplatz: Die **Rheinpromenade** von Graurheindorf ist perfekt für einen freien Nachmittag am Wasser. Ob auf einer Bank oder in einem Restaurant, hier vergehen die Stunden wie im Flug.

5 Nordstadt

Die Nordstadt ist ein Ortsteil der Gegensätze – aber Gegensätze ziehen sich ja bekanntlich an. Vielleicht liegt das aber auch bloß an der Magnetfabrik, die hier ansässig ist.

Die südliche Nordstadt wird „Altstadt" genannt, obwohl an dieser Stelle nicht die historische Altstadt von Bonn liegt. Das multikulturelle Viertel mit seinen Gässchen, kleinen Geschäften und verschnörkelten Häusern ist aber so hübsch,

INFOBOX

Miethöhe:

Einwohnerdichte:

Grünfläche:

Distanz zum Münsterplatz: 1,4 km

dass man diesen Umstand gerne vergisst. Und von der ursprünglichen Bonner Altstadt ist nun einmal nicht mehr viel übrig, sie wurde im Zweiten Weltkrieg fast gänzlich zerstört.

In der Nordstadt befinden sich das Frauenmuseum, der Bonner Kunstverein, die Artothek und das Kulturzentrum Kult 41. Außerdem fand August Macke hier, genauer gesagt in der Bornheimer Straße, ein Zuhause und jede Menge Inspiration. Er hat Bonn und speziell sein Viertel auf zahlreichen Gemälden und Zeichnungen festgehalten. Der Blick aus dem Atelier im Dachgeschoss seines Wohnhauses ist durch seine Bilder berühmt geworden. Über die Nordstadt schrieb er 1910 in einem Brief an Franz Marc: „Mir ist dieser Teil der Stadt ganz ausserordentlich [sic!] lieb."

--> s. „kultur und so", S. 206

Neben Kultur und Altstadtflair gibt es in der Nordstadt aber auch eher schlichte Wohngebiete mit moderneren Häusern und das Gewerbegebiet Verteilerkreis. Der Sportpark Nord hat hier genauso seinen Platz wie ein überregional bekannter Eierlikörhersteller.

So viele Lieblingsplätze: Bei einem Bummel durch die südliche Nordstadt findet jeder seine persönliche Lieblingskneipe oder sein Lieblingscafé!

Bonn endlich
endlich
dlich Bonn

6 Bonn-Castell

In Bonn-Castell befinden sich Studentenwohnheime, Teile der Universitätssport-anlage sowie das Römer-bad, ein großes Freibad mit ausgedehnten Liegewiesen, Sportbecken, Sprungtürmen und Wellenbad. Für bewe-gungsbegeisterte Studenten also die ideale Mischung!

Castell zeichnet sich außerdem durch Zentrums- und Rheinnähe aus. Man kann zu Fuß in die Bonner Innenstadt laufen, aber auch entlang der Rheinpromenade in nördlicher wie auch in südlicher Richtung ausgedehnte Spaziergänge unternehmen. Günstig unter-kommen kannst du in einer der vielen WGs im Viertel.

Auf dem Areal des heutigen Ortsteils befand sich einst das Römer-kastell „castra bonnensia" mit 7.000 Soldaten. Die römische Ver-gangenheit lässt sich an Straßennamen wie „Römerstraße" und „Am Römerlager" ablesen. Seinen Namen erhielt der Castell aller-dings erst 2003. Da wurde das frühere Bonn-Nord umgetauft, damit es keine Verwechslungen mit der Nordstadt mehr geben konnte.

INFOBOX

Miethöhe:

Einwohnerdichte:

Grünfläche:

Distanz zum Münsterplatz: 1,7 km

Lieblingsplatz: Direkt oberhalb der Rheinpromenade liegt der **Biergarten Schänzchen** (Ro-sental 105). Hier kann man es sich gemütlich machen und den Blick entspannt über den Rhein mit seinen Schiffen, das andere Ufer und das Siebenge-birge schweifen lassen.

--> s. „Durst",
S. 116

Bezirk Bonn: das Zentrum

7 Bonn-Zentrum

In Bonn-Zentrum wohnst du am besten nur, wenn du es liebst, dich ins Gedränge zu stürzen. Denn hier sind jeden Tag – und jede Nacht – richtig viele Menschen unterwegs. Dafür hast du aber alles direkt vor der Haustür: Läden, Cafés, Bars, Restaurants, Nachtleben und Fast Food in allen Variationen. Und selbst auf Grün musst du dank des Rheinufers und einiger Parks nicht verzichten.

Wo findet man in Bonn Jongleure, Musiker, Hobbykicker und andere Sportbegeisterte, Freizeithippies und fleißige Studenten auf engstem Raum? Sie alle und noch viele andere trifft man auf der Bonner Hofgartenwiese. Wer sich in der Sonne aalen möchte, legt sich auf die Wiese, wer den Schatten sucht, setzt sich auf eine der zahlreichen Bänke entlang des Hofgartens. Im Schatten der Bäume kannst du hier wunderbar lesen oder etwas trinken.

INFOBOX

Miethöhe:

Einwohnerdichte:

Grünfläche:

Distanz zum Münsterplatz: 0 km

Auf der einen Seite hast du freie Sicht auf das wunderschöne Hauptgebäude der Uni, auf der anderen Seite auf das Akademische Kunstmuseum. Neu-Bonner oder Touristen erkennt man auf der Hofgartenwiese sofort: Sie sind es, die erstaunt aufspringen, wenn

Bonn   endlich

der Boden unter ihnen zu vibrieren beginnt. Doch keine Sorge, hier sitzt man nicht auf einem Vulkan; es sind nur die unterirdisch fahrenden Bahnen.

Frisches Obst kaufst du am besten auf dem Bonner Markt. Kurz vor Schluss am Abend kann man sogar noch richtige Schnäppchen abgreifen. Vor der hübschen Kulisse der Außenfassade des Bonner Rathauses findet auch schon mal ein französischer Markt mit Delikatessen aus dem Nachbarland statt. Für Umweltbewusste gibt es zweimal die Woche einen Ökomarkt am Münster und zudem mehrere Bioläden.

Ein berühmter Bonner ist auf der Kennedybrücke zu Hause: das Bröckemännche. Es streckt Beuel und der gesamten „Schäl Sick" frech den Popo entgegen und ist für Neuankömmlinge ein Vorgeschmack auf den augenzwinkernden Humor der Bonner. Auf dem Grund des Rheins nahe der Kennedybrücke liegen zudem inzwischen schon einige Schlüssel, denn hier ketten Verliebte gerne ihre Liebesschlösser an.

Lieblingsplatz: Ganz klar die Strandbar am **Rheinpavillon** (Rathenau-Ufer 1)! Sand zwischen den Zehen, Ausblick auf das Siebengebirge und mit einem Cocktail in der Hand auf dem Liegestuhl räkeln – so schmeckt der Sommer!

Bezirk Bonn: der Süden

Schon viele sind dem Süden Bonns verfallen und immer wieder hört man verträumte Bekenntnisse wie dieses: „Ich gestehe es: Ich bin verliebt. Verliebt in den Bonner Süden." Soll noch einmal einer behaupten, die Bonner seien keine Romantiker!

Hach, der Bonner Süden ist aber auch wirklich schmuck: Hübsche Gründerzeithäuser, große Grünflächen und ein vielfältiges kulturelles Angebot. Hier befinden sich die Museumsmeile, die Rheinaue, das ehemalige Regierungsviertel, die Poppelsdorfer Allee und das Poppelsdorfer Schloss. Man kann Sonnenuntergänge am Rheinufer genießen oder Regenbögen bestaunen, die sich über Bonn spannen.

Zum Bonner Süden gehören die Ortsteile Südstadt, Kessenich, Gronau, Dottendorf, Poppelsdorf, Ippendorf, Röttgen, Ückesdorf und Venusberg. Jedes „Veedel" hat besondere Wesensmerkmale und alle sind einen Besuch wert.

Die Bewohner sind zu Recht stolz auf die jeweiligen Besonderheiten vor Ort, seien es außergewöhnlich viele Fachwerkhäuser oder ein besonders aktives Ortsteilleben.

Im Süden liegen deshalb einige der beliebtesten Wohngegenden Bonns. Mal ein bisschen alternativ, mal ein wenig glamourös, in den Ortsteilen im Süden ist für jeden etwas dabei. Begib dich auf einen Streifzug und entdecke ganz viele Lieblingsplätze, Lieblingscafés und Lieblingskneipen!

8 Südstadt

Wenn du kurz vor dem Poppelsdorfer Schloss auf der Poppelsdorfer Allee links abbiegst, grüßt dich freundlich das Schild „Südstadt". „Atomkraft? Nein Danke!"-Banner flattern einem entgegen, Blumenlädchen, Weinstuben, Restaurants und denkmalgeschützte Villen reihen sich

aneinander. Man findet kaum ein Haus ohne Türmchen, Erker, Balkon oder sonstige Verzierungen. Viele Studenten und junge Familien haben sich hier eingerichtet, es gibt reichlich Grünflächen, schöne Gründerzeithäuser, ein anziehendes Flair und viele, viele Kneipen für jeden Geschmack und Geldbeutel.

INFOBOX

Miethöhe:			
Einwohnerdichte:			
Grünfläche:			
Distanz zum Münsterplatz:	1,4 km		

Aber auch in der Südstadt gilt: „Entweder es regnet oder die Schranken sind runter." Der Krimiautor John le Carré hat diesen Satz geprägt. Er hat seinen Ursprung in der Tatsache, dass Bonn von einer Bahntrasse durchzogen ist, die sich in der Südstadt (und auch in

manchen anderen Ortsteilen) mitten durch das Viertel zieht. Oft sieht man einen ganzen Autokorso, zahlreiche Fahrradfahrer und Fußgänger an der Schranke warten. Die meisten nehmen es mit Humor, wenn es dann aber auch noch regnet, kriegt so manch einer schon mal die „Pimpernölles". --> Vokabelprobleme?
s. „Sprachregeln", S. 249

Lieblingsplatz: Bei einem Spaziergang durch die Straßen der Süd-stadt kann man alle paar Meter innehalten und ein Haus bewun-dern. Die Südstadt ist ein Lieblingsplatz an sich.

9 Poppelsdorf

Wenn man zu Fuß von der Bonner Innenstadt nach Poppelsdorf kommen möchte, dann bietet sich dafür die wunderschöne Poppels-dorfer Allee an. Die Allee wird von hohen, rot und weiß blühenden Kastanienbäumen gesäumt, die an heißen Tagen den ersehnten Schatten spenden.

Viele Bänke entlang der Allee laden zum Pausemachen ein und Son-nenanbeter können es sich mit einer Decke auf der Rasenfläche in der Mitte bequem machen. Von hier aus hat man freien Blick auf zwei der schönsten Bonner Bauwerke: Am einen Ende der Allee das Hauptgebäude der Uni und am anderen das Poppelsdorfer Schloss. Zu beiden Seiten der Allee befinden sich Häuser aus der Gründer-zeit, die sehr gut erhalten oder saniert sind. Im Zentrum von Pop-pelsdorf gibt es zahlreiche Restaurants, Cafés, Bars und Eiscafés.

Direkt beim Poppelsdorfer Schloss liegt auch der Botanische Garten. Hier kann man die seltene Titanen-wurz bewundern, die größte Blu-me im Pflanzenreich. Sie blüht nur sehr selten und es ist jedes Mal ein Ereignis, wenn sich der etwa zwei Meter hohe raketenförmige

Blütenstand aufrichtet und entfaltet. Man muss allerdings den Gestank nach verfaulten Eiern und Verwesung in Kauf nehmen, wenn man sich der Pflanze nähern möchte.

INFOBOX

Miethöhe:

Einwohnerdichte:

Grünfläche:

Distanz zum Münsterplatz: 1,9 km

Am Beginn der Poppelsdorfer Allee befindet sich das Bonner Standesamt. Wer in Bonn heiraten möchte, der kann entweder ganz normal hierher kommen – oder er fährt mit der Bönnschen Bimmel. Dieser historische Straßenbahnwaggon wird auch das „rollende Trauzimmer" genannt und hat schon einige Zeremonien in voller Fahrt erlebt. Einstieg ist beim Standesamt an der Poppelsdorfer Allee. www.boennschebimmel.de

Studenten ziehen sehr gerne nach Poppelsdorf, vor allem Studierende der Naturwissenschaften, denn die naturwissenschaftlichen Einrichtungen der Uni befinden sich direkt vor Ort. Hin und weg kommt aber jeder Poppelsdorfer, denn der Ortsteil ist hervorragend angebunden.

Lieblingsplatz: Auf der Wiese in der Mitte der Poppelsdorfer Allee in der Sonne liegen und einfach den Blick schweifen lassen - oder noch ein bisschen im neuen Lieblingsschmöker blättern ...

10 Kessenich

Kessenich ist Kult! Das weiß jeder, der Kessenich kennt oder dort wohnt und alle anderen sollten das „Veedel" im Bonner Süden unbedingt kennenlernen. Kessenich hat sich trotz der Nähe zur Stadt seinen dörflichen Charme bewahrt.

Viele denkmalgeschützte Häuserfassaden runden das hübsche Bild ab. Direkt nebenan beginnt die Bonner Museumsmeile mit einem beeindruckenden Kulturangebot. Und bei der Kessenicher KleinKultur können sich alle, die sich in irgendeiner Weise berufen fühlen, selber künstlerisch ausleben.

Wer Kessenich sucht, geht am besten immer der Nase nach: Hier riecht es nach Lakritz und manchmal nach Gummibärchen. Der HARIBO-Fabrikverkauf befindet sich zwar nicht im Ortsteil, dafür aber die Geburtsstätte der Gummibärchen – die HARIBO-Fabrik.

Auch zum Rhein ist es nicht weit und dort lockt die Rheinaue. Die große Parkanlage wurde für die Bundesgartenschau 1979 angelegt und seitdem kann man dort jede Menge bunte Blumenrabatten bewundern.

Die Einwohner sind sehr lokalpatriotisch und bezeichnen sich zuerst als Kessenicher und erst im zweiten Atemzug als Bonner. Ihr Credo „Ming Hätz is Kessenich!" – „Mein Herz schlägt für Kessenich!" drückt

INFOBOX

Miethöhe:

Einwohnerdichte:

Grünfläche:

Distanz zum Münsterplatz: 3 km

die innige Verbundenheit mit dem Ortsteil aus. Kessenich hat seinen eigenen Internetauftritt, seine eigene Hymne, seinen eigenen Tee und sogar Fanartikel! Regelmäßig finden Feste statt, bei denen man sich kennenlernen kann. Und nach Einkaufsmöglichkeiten muss man ebenfalls nicht lange suchen.

Lieblingsplatz: Einfach die Nase nach der Sonne ausrichten und einen Bummel durch den schönen Ortsteil machen, Lieblingsplätze liegen überall rechts und links des Weges!

11 Gronau

Die Silhouette Bonns wird nur von zwei Hochhäusern geprägt – dem „Langen Eugen" (ein ehemaliges Abgeordnetenhochhaus) und dem Posttower. Beide liegen im Ortsteil Gronau, direkt am Rhein und nahe der Rheinaue, der größten Parkanlage der Stadt. Hier finden so viele Veranstaltungen statt, dass man sie kaum alle auflisten kann. Die Konrad-Adenauer-Brücke ist dann öfter mal mit Autos verstopft und die Bahnsteige quellen über. Am besten kommt man also zu Fuß und bringt etwas Geduld mit.

Jedes Jahr am ersten Samstag im Mai zieht es die Bonner in die Rheinaue, um den „Rhein in Flammen" zu erleben. Auf dem Rhein fahren dann in einem langen Korso Schiffe, die von verschiedenfarbigen Lichterketten erleuchtet sind. Häufig finden in der Rheinaue auch

INFOBOX

Miethöhe:

Einwohnerdichte:

Grünfläche:

Distanz zum Münsterplatz: 3,4 km

Musikabende statt. Bei einem kühlen Bier und einer Brezel kannst du dich dann bequem berieseln lassen. Skater finden in der Rheinaue eine Halfpipe und wer es etwas ruhiger mag, kann Minigolf spielen.

Wer erinnert sich noch daran, wie er oder sie verzweifelt versucht hat, das Kassettenband wieder in die Lieblingskassette zurück zu friemeln? Auf dem Rheinauenflohmarkt kann man in solch nostalgischen Erinnerungen schwelgen, denn hier findet man sie noch: Kassetten, Schallplatten – und mit etwas Glück auch die dazugehörigen Abspielgeräte. Der Rheinauenflohmarkt ist einer der größten Flohmärkte in Deutschland und findet im Sommer jeden dritten Samstag im Monat statt. Wer die interessantesten Schnäppchen ergattern will, muss allerdings sehr früh aufstehen.

Gronau ist das ehemalige Regierungsviertel, heute befindet sich hier der UN-Campus, der offizielle Dienstsitz der Vereinten Nationen in Bonn. In Gronau kannst du aber auch den Weg der Demokratie oder den Bonner Planetenlehrpfad direkt am Rheinufer entlanglaufen. An regnerischen Tagen lockt die Museumsmeile mit extra viel (überdachter) Kunst für wache Geister und Freunde der Ästhetik.

Lieblingsplatz: Das grüne Herz der Stadt und perfekt zum Durchatmen, das ist die Rheinaue. Und nur in Gronau schmeckt das Rhein-Panorama inklusive Skyline gleichzeitig ein bisschen nach Metropole.

Bonn endlich

endlich

endlich

Bonn

12 Ückesdorf

In Ückesdorf fühlt man sich, als ob man auf einer Insel gestrandet wäre. Der Ortsteil ist eine Oase der Ruhe. Manchmal ist es so still, dass man glatt vergisst, dass man in einer Großstadt lebt. Bald aber ertönt wieder Kinderlachen oder das Geräusch einer Bohrmaschine.

Ückesdorf besteht fast ausschließlich aus Einfamilienhäusern. Hier leben hauptsächlich Familien mit Kindern – Angebote für WG-Zimmer gibt es kaum. Das Viertel ist sehr gepflegt und grün und hat einen winzigen Ortskern mit Bushaltestelle. In etwa 20 Minuten kann man die Bonner Innenstadt mit öffentlichen Verkehrsmitteln erreichen.

INFOBOX

Miethöhe:

Einwohnerdichte:

Grünfläche:

Distanz zum Münsterplatz: 6,2 km

Lieblingsplatz: In Ückesdorf gibt es sie noch – die heile Welt. Zumindest bekommt man bei einem Spaziergang durch die Straßen dieses Gefühl.

13 Ippendorf

Ippendorf liegt am Rand des Naturparks Kottenforst. Es wurde (wie viele andere Ortsteile auch) 1969 nach Bonn eingemeindet, doch die Nähe zur Stadt ist kaum zu bemerken. Der Ortsteil ist ruhig und ländlich und macht einen gutbürgerlichen, gediegenen Eindruck. In

INFOBOX

Miethöhe:			
Einwohnerdichte:			
Grünfläche:			
Distanz zum Münsterplatz: 4,6 km			

unmittelbarer Nähe befindet sich der Venusberg, die Luft ist gut und auch alle Einkaufsmöglichkeiten für den täglichen Bedarf sind vorhanden.

Hier zieht es viele Familien mit Kindern hin, doch auch einigen Studenten gefällt das Viertel. Und so gibt es ebenfalls allerhand Angebote für Wohngemeinschaften. Mit den öffentlichen Verkehrsmitteln braucht man etwa 20 Minuten ins Zentrum.

Lieblingsplatz: Der **Kottenforst** – ein Spaziergang im nahe gelegenen Wald macht den Kopf frei!

14 Venusberg

Oben auf dem Venusberg, mitten im Wald, liegt ein Teil der Sportanlagen der Universität Bonn. Wundervolle Tennisplätze inmitten von hohen Bäumen, Beachvolleyballanlagen, ein Fußballplatz: Hier kann man sich richtig austoben. Ansonsten geht es in der Gegend

INFOBOX

Miethöhe:			
Einwohnerdichte:			
Grünfläche:			
Distanz zum Münsterplatz: 4,6 km			

aber nicht gerade wild zu: Am Venusberg wohnt man ruhig und die Gegend ist ideal für Wander- und Naturbegeisterte.

Wer mit dem Fahrrad in die Innenstadt fahren möchte, kann sich auf dem Hinweg den Fahrtwind um die Nase wehen lassen, auf dem Rückweg dagegen muss er kräftig in die Pedale treten.

Wenn du mal mehr Besuch hast, als bei dir in der Wohnung unterzubringen ist, kannst du deinen Gästen ohne Bedenken die Jugendherberge auf dem Venusberg empfehlen. Hier befindet sich übrigens auch das große Areal der Universitätskliniken.

Lieblingsplatz: Die Aussichtsplätze bei einer Wanderung entlang des **Rheinhöhenwegs** am Venusberg.

15 Dottendorf

Hier reiht sich ein entzückendes Fachwerkhäuschen an das andere, manche sind kaum größer als die Garage eines Neubaus. Und den Hang hinauf ziehen sich hübsche Villen. Von oben bietet sich auch Spaziergängern eine herrliche Aussicht über Bonn: Die Kirche St. Quirinus ist meist im Blick, ebenso der Venusberg mit seinem Funkmast.

Dottendorf ist ein sehr beliebtes Wohnviertel mit einer eigenen Infrastruktur und gutem Anschluss an die Innenstadt. Für schläfrige Zeitgenossen bietet der Wohnort Dottendorf einen unschlagbaren Vorteil: Wer sich in der Innenstadt in die Linie 61 oder 62 setzt

und in der Straßenbahn ein-
schlummert, auf den wartet
beim Erwachen keine böse
Überraschung. Am Quirinusplatz in Dottendorf ist die
Fahrt auf jeden Fall beendet
und der müde Mensch wird aus
der Bahn herauskomplimen-
tiert.

INFOBOX

Miethöhe:

Einwohnerdichte:

Grünfläche:

Distanz zum Münsterplatz: 3,9 km

Lieblingsplatz: In den „geheimen Garten" des Viertels gelangt man, wenn man vom Quirinusplatz in die Quirinstraße läuft und dort bei der ersten Möglichkeit links in einen schmalen Weg einbiegt. Dann fällt der Blick plötzlich auf verwunschene Gärten mit Apfel- und Pflaumenbäumen und Unmengen von Blumen – eine grüne Oase inmitten der Wohnsiedlung.

Hier ist es meist ruhig und friedlich, Katzen streichen einem um die Beine, Gemüse wird angebaut und Stockrosen ranken sich an den Zäunen entlang. Kleine hölzerne Gartenpforten stehen halb offen und man kann einen Blick auf das dahinterliegende, teils verwilder-te Stück Land erhaschen.

16 Röttgen

Mitten im Kottenforst liegt der Ortsteil Röttgen. Das spiegelt sich auch in den Straßennamen wider: Hier wohnst du im Tannenweg, Zedernweg, In der Wehrhecke oder gleich Am alten Forsthaus.

Was nicht weiter überraschen wird: In Röttgen wohnt man ruhig. Angebote für WG-Zimmer gibt es selten, denn hier siedeln sich eher Familien an und man hat ein Haus oder eine Eigentumswohnung. Röttgen liegt ein wenig abseits von der Bonner Innenstadt. Für eine Fahrt mit den öffentlichen Verkehrsmitteln von Röttgen bis zum Bonner Hauptbahnhof muss man schon 20 Minuten Fahrtzeit einplanen. Im Zentrum von Röttgen gibt es aber auch ein paar Einkaufsmöglichkeiten, man muss also nicht immer in die Stadtmitte gondeln.

Lieblingsplatz: Wen die Wanderlust packt, dem sei das Naturschutzgebiet **Kottenforst** ans Herz gelegt. Der Kottenforst ist allerdings nichts für furchtsame Zeitgenossen, denn wo „Gespensterbuchen" wachsen, da können Waldgeister schließlich nicht weit sein!

INFOBOX

Im weitestgehend wilden Wald befinden sich neben einem Waldlehrpfad ein Wildgehege und ein Waldinformationszentrum. In diesem Haus der Natur kannst du dich genauestens über den Kottenforst und viele seiner (gruseligen) Bewohner informieren.

Miethöhe:	●	●	●
Einwohnerdichte:	●	●	●
Grünfläche:	●	●	●
Distanz zum Münsterplatz:	7 km		

Bezirk Bonn: der Westen

Der Bonner Westen wird zwar nicht so offen angeschmachtet wie der Süden, aber auch er hat so einiges zu bieten: jede Menge Kultur, wunderschöne Alleen, berühmte Maler und ganz viel Grün. Zum Bonner Westen gehören die Ortsteile Weststadt, Endenich, Dransdorf und Lessenich/Meßdorf. Im Westen liegt das große Meßdorfer Feld, das zu Spaziergängen oder Fahrradtouren einlädt. In einigen Teilen ist es ruhig und ländlich, in anderen kommt Stadtgefühl auf.

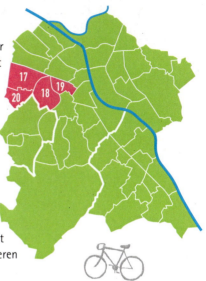

Viele Gründerzeithäuser prägen das Bild in der Weststadt, in Endenich hingegen sind es eher modernere Bauten, die ins Auge fallen.

17 Dransdorf

Dransdorf ist das Zuhause des lokalen Rundfunksenders Radio Bonn/Rhein-Sieg sowie des General-Anzeigers, der lokalen Tageszeitung. Es gibt einige Einkaufsmöglichkeiten und die Anbindung an das Zentrum von Bonn ist gut.

INFOBOX

Miethöhe:

Einwohnerdichte:

Grünfläche:

Distanz zum Münsterplatz: 4 km

So wie das angrenzende Tannenbusch ist auch Dransdorf zweigeteilt: ein dörflicher Ortskern auf der einen, eine Hochhaussiedlung

und ein Gewerbegebiet auf der anderen Seite. Im Ortszentrum findet man Häuser mit Blumenkästen vor den Fenstern, fröhlich-bunt bemalte Garagenwände und nahe der Dransdorfer Burg eine reizende kleine Burgkapelle. Die Hochhaussiedlung wurde inzwischen saniert und begrünt, so dass der Bruch nun nicht mehr ganz so deutlich sicht- und spürbar ist.

Lieblingsplatz: Die **Meßdorfer Straße** führt vom Ortskern direkt ins Meßdorfer Feld. Hier kann man schön spazieren gehen.

18 Endenich

In Endenich weht immer ein frisches Lüftchen. Das liegt daran, dass es – ebenso wie Duisdorf, Lessenich/Meßdorf und Dransdorf – direkt ans Meßdorfer Feld angrenzt. Und das ist für die Frischluftzufuhr in Bonn zuständig. Über die weite Freifläche bläst ungehindert der Wind und pustet die stickige Luft raus aus der Stadt.

Um das Feld hat es bereits viel Streit gegeben, denn es ist attraktiver Baugrund und schon oft hat die Bürgerinitiative zur Erhaltung des Meßdorfer Felds gegen hungrige Immobilienhaie kämpfen müssen. Man kann sich hier gut die Beine vertreten und Rad fahren. Für Studenten der Astronomie ist Endenich besonders anziehend, denn hier befindet sich das Astronomische Institut der Uni. Ein sehr schönes Studentenwohnheim liegt direkt am Meßdorfer Feld.

INFOBOX

Miethöhe:

Einwohnerdichte:

Grünfläche:

Distanz zum Münsterplatz: 2,4 km

Ein absolutes Muss in Endenich ist das Haus der Springmaus. Wer in Bonn war, muss das Kabarett- und Kleinkunsttheater in der Frongasse erlebt haben. --> s. „Kultur und so", S. 202

Die Frongasse wird auch Endenicher Kulturmeile genannt, denn hier drängen sich neben dem Haus der Springmaus auch das Theater im Ballsaal, das Rex Programmkino, der Musikclub Harmonie und der Irish Pub Fiddlers. Und prominente Endenicher gibt es auch: Robert Schumann hat in Endenich seine letzten Lebensjahre verbracht. Das Schumannhaus ist heute Gedenkstätte und Museum.

19 Weststadt

An manchen Häusern ranken Rosen empor, andere sind ganz mit Efeu zugewachsen. Viele Weststädter pflegen ihre Gärten mit Liebe und Sorgfalt und sofern der Garten zur Straße hin liegt, können sich auch Spaziergänger daran erfreuen.

Die Weststadt ist das Alleen-Viertel: Poppelsdorfer Allee, Meckenheimer Allee, Endenicher Allee, und, und, und. Die Weststadt ist aber auch als Wohnort sehr beliebt und viele Studenten und andere junge Leute haben hier WGs gegründet. Die schönsten Ecken zum

INFOBOX

Miethöhe:

Einwohnerdichte:

Grünfläche:

Distanz zum Münsterplatz: 1,4 km

Bonn endlich endlich endlich Bonn

Wohnen findest du im Musikerviertel, das so heißt, weil die Straßen hier nach berühmten Komponisten benannt sind. In der Weststadt befinden sich außerdem die Mathematischen Institute der Uni Bonn sowie das Rheinische Landesmuseum.

Lieblingsplatz: Das **Baumschulwäldchen** an der Baumschulallee ist ein kleiner Park mit Springbrunnen. Die wunderhübschen Häuser ringsherum sind eine Augenweide!

20 Lessenich/Meßdorf

Im Jahre 1911 saßen die befreundeten Maler Hans Thuar und August Macke gemeinsam mit ihren Staffeleien im Meßdorfer Feld und ließen sich von ihrer Umgebung inspirieren. Hans Thuar malte den Blick auf Meßdorf, August Macke den Blick aufs Feld in Richtung Endenich. Hundert Jahre später dienten diese Gemälde ihrerseits als Inspiration zu dem Projekt „Pinselstriche im Meßdorfer Feld". Verschiedenfarbige Blumen wurden angepflanzt, die in voller Blüte ein hübsches Bild ergeben. Es gibt sogar einen Kalender mit Motiven des Meßdorfer Felds zu den verschiedenen Jahreszeiten!

Wohnen kann man in Lessenich/Meßdorf natürlich auch. Ländlich, dörflich und gemütlich sind da die entscheidenden Stichworte.

Lieblingsplatz: Die **Weiße Brücke** im Meßdorfer Feld. Von hier aus kann man das bunte Bild bewundern, das aus den dort angepflanzten Blumenarrangements entsteht.

INFOBOX

Miethöhe:

Einwohnerdichte:

Grünfläche:

Distanz zum Münsterplatz: 4,7 km

Bezirk Bad Godesberg

Bis ins Jahr 1969 war Bad Godesberg eine eigenständige Stadt. Deshalb besitzen die einzelnen Ortsteile auch heute noch intakte Ortskerne und bieten gute Einkaufsmöglichkeiten in der direkten Umgebung. Bis zur Verlagerung des Zentrums der Macht nach Berlin war hier der Aufenthalts- und Arbeitsplatz der Regierungsangestellten. Damals wie heute besticht Bad Godesberg durch sehr schicke Wohnmöglichkeiten für alle, die es sich leisten können.

Quer durch das gesamte Gebiet Richtung Köln oder Koblenz führt die Bundesstraße 9, die aber heutzutage durch einen Tunnel verläuft, so dass man hier ungestört vom Verkehrslärm leben kann.

1 Hochkreuz

Zusammen mit Gronau bildet Hochkreuz das „Bundesviertel", das bis zum Umzug der Bundesregierung das Herz des politischen

INFOBOX

Miethöhe:

Einwohnerdichte:

Grünfläche:

Distanz zum Münsterplatz: 5 km

Lebens der Bundesrepublik Deutschland war. Das Viertel erstreckt sich entlang der so genannten „Diplomatenrennbahn" (Bundesstr. 9) und ist bis heute immer noch Heimat einiger übriggebliebener Bundesministerien.

Nach der Verlagerung des politischen Machtzentrums haben außerdem viele internationale Organisationen und führende Großkonzerne diesen Standort für sich entdeckt. Und auch der WDR und das ZDF unterhalten in Bonn Hochkreuz wichtige Studios, der Fernsehsender Phoenix hat vor Ort sogar seinen Hauptsitz.

Darüber hinaus ist die bekannte Museumsmeile nur einen Steinwurf entfernt, so dass die Bewohner der vergleichsweise wenigen Wohnungen dort den Vorteil genießen, die interessanten und abwechslungsreichen Ausstellungen der Stadt ohne große Anfahrt und ohne Parkplatzchaos zu erreichen.

Wenn du deine Zelte in Hochkreuz aufschlägst, wohnst du genau auf halber Strecke zwischen der Bonner Innenstadt und dem Zentrum von Bad Godesberg. So bist du zwar mittendrin, aber eben auch nie richtig nah dran.

Seinen Namen hat der Ortsteil übrigens von einem ganz und gar nicht unauffälligen, steinernen Wegekreuz aus der Mitte des 14. Jahrhunderts, dessen Nachbildung du auch heute noch an der Haltestelle Deutsches Museum/Hochkreuz finden kannst – das Original steht aber im Rheinischen Landesmuseum.

Lieblingsplatz: Das **Deutsche Museum** (Ahrstr. 45) ist nicht nur etwas für Regentage! Die wechselnden Ausstellungen bieten interessante und aufschlussreiche Einblicke in die Gegenwart und Vergangenheit der Bundesrepublik und sind mehr als nur einen Besuch wert. www.deutsches-museum-bonn.de

2 Friesdorf

Friesdorf liegt am nördlichen Rand von Bad Godesberg und ist eine ruhige und dennoch zentrale Wohngegend. Hier ist nicht nur der Name „dörflich", auch das Flair ist nicht wirklich urban.

So hat auch der mitten in Friesdorf gelegene Klufterplatz eher dörflichen Charakter. Der Brunnen und die Außengastronomie machen diesen Ort im Sommer zum Treffpunkt aller Friesdorfer – naja, fast aller. Denn nicht wenige „Dorfbewohner" findet man an heißen Tagen ausschließlich im „Friesi", wie das kleinste Bonner Freibad liebevoll genannt wird und um das in der Vergangenheit hart und erfolgreich gekämpft wurde. Die kühle Erfrischung liegt hier also nur wenige Schritte entfernt!

Wie es sich für ein „echtes" Dorf gehört, findest du im Viertel gepflegte Ein- und Mehrfamilienhäuser, einen eigenen Karnevalsumzug, eine Kirmes und immer wieder mal ein Fest.

Lieblingsplatz: Wenn du auf der Friesdorfer Straße Richtung Südosten fährst, gelangst du nicht nur nach Godesberg-Nord, sondern auch ins Paradies der schleckermäuligen Schnäppchenjäger. In der Friesdorfer Str. 121 hat nämlich der **HARIBO–Fabrikverkauf** seine Pforten geöffnet. Unwahrscheinlich, dass dir hier der Nachschub ausgeht! www.haribo.de --> Shops --> Fabrikverkauf

INFOBOX

Miethöhe:

Einwohnerdichte:

Grünfläche:

Distanz zum Münsterplatz: 5,1 km

Bonn endlich

endlich

endlich

Bonn

ndlich

3 Godesberg-Nord

Dieser Ortsteil steht in Kontrast zu den herrschaftlichen Straßen, die sich z.B. im Godesberger Villenviertel befinden, zeichnet sich dafür aber durch seine erschwinglicheren Mietpreise aus. Der größte Teil ist Industrie- und Gewerbegebiet. Die Wohnbezirke und auch der Einzelhandel beschränken sich fast nur auf den Südwesten am Burgberg. Ursprünglich war das Wohnklima von Arbeitersiedlungen geprägt, ab Mitte des 20. Jahrhunderts wurden aber nach und nach modernere Wohnklötze errichtet.

Trotz des ausladenden Gewerbegebiets kannst du auch in Godesberg-Nord schnell das nötige bisschen Naherholung finden. Von so mancher Wohnung hast du einen schönen Blick ins Grüne, z.B. auf den bewaldeten Burgberg. Der bietet obendrein die Möglichkeit, ohne viel Aufwand einen Spaziergang fernab der ganzen Hektik zu machen.

Kleiner Wermutstropfen: Die Einkaufsmöglichkeiten lassen leider etwas zu wünschen übrig. Der Weg ins Zentrum ist zwar nicht sehr weit, aber bepackt mit schweren Einkaufstaschen wird er dir doch eher strapaziös vorkommen.

INFOBOX

Miethöhe:

Einwohnerdichte:

Grünfläche:

Distanz zum Münsterplatz: 6 km

Lieblingsplatz: Von Godesberg-Nord aus werden Astronautinnen und Astronauten dorthin geschickt, wo noch nie ein Mensch zuvor gewesen ist … Hier steht zwar keine Raketenbasis, aber immerhin

ein Komplex des **Deutschen Zentrums für Luft- und Raumfahrt (DLR)**, wie auch im Ortsteil Oberkassel.

4 Plittersdorf

Plittersdorf liegt im Norden Godesbergs und grenzt direkt an den Rhein. Ein Teil der Rheinaue gehört auch dazu. Die vielen Vergnügungs- und Erholungsmöglichkeiten, die der große Park so mit sich bringt, liegen also direkt vor der Haustür. Im Süden grenzt das wunderschöne Villenviertel an, das ebenfalls zu ausführlichen Spaziergängen einlädt.

Wie in einigen anderen Ecken von Bonn gibt es auch in Plittersdorf eine so genannte „Amerikanische Siedlung", die sich durch großzügig gestaltete Straßen und Vorgärten auszeichnet. Im Zuge der Modernisierung Bonns werden dort in den letzten Jahren zahlreiche Wohnungen renoviert und umgebaut. Das verleiht dem Viertel am Rhein optisch etwas Schwung und Modernität. International ist Plittersdorf sowieso, dank UN-Sitz und Bewohnern aus aller Welt.

Lieblingsplatz: Die **Bonn International School** (Martin-Luther-King-Str. 14) ist DIE multikulturelle Zukunftsschmiede. 800 Schüler aus 60 verschiedenen Ländern der Erde gehen hier zur Schule. Die meisten stammen aus Nordamerika, England, Australien, Frankreich, den Niederlanden sowie Indien – und natürlich Deutschland.

INFOBOX

Miethöhe:
Einwohnerdichte:
Grünfläche:
Distanz zum Münsterplatz: 6,1 km

5 Schweinheim

Seinen wenig schmeichel-
haften Namen hat dieser
kleine und westlichste
Ortsteil in Godesberg von
der Eichelmast im angren-
zenden Kottenforst, bei
der die Schweine früher
mit im Wald gesammelten
Eicheln gemästet wurden.

Die Häuser und Wohnungen hier sind relativ kostspielig, doch wer
es sich leisten kann, wird mit überdurchschnittlicher Lebensqualität
belohnt. Für den besonders großen Geldbeutel ist die Gegend am
Stadtwald wärmstens zu empfehlen, mit etwas Glück bekommt
man dort sogar eine Bleibe mit ungestörtem Blick ins Naturschutzgebiet.

Der größte Teil Schweinheims liegt am Hang. Wenn man mit dem
Fahrrad unterwegs ist, braucht man also auf jeden Fall eine gute
Gangschaltung und eine noch bessere Kondition. Wem eins von bei-
dem oder gar beides fehlt, der kann auf den Bus zurückgreifen, der
im 20-Minuten-Takt bis zum Waldkrankenhaus fährt.

INFOBOX

Miethöhe:

Einwohnerdichte:

Grünfläche:

Distanz zum Münsterplatz: 7,5 km

Lieblingsplatz: Auf der **Vik-
torshöhe** (Waldkrankenhaus)
beginnt das Naturschutzgebiet
Kottenforst, das sich durch seine vielen Wander- und Radwege auszeichnet. Hier gibt es
schöne Lichtungen, Bäche und
Weiher, die darauf warten, von
dir entdeckt zu werden!

6 Alt-Godesberg

Alt-Godesberg besticht durch seine vielfältigen Einkaufsmöglichkeiten: Rund um den Theaterplatz verführen viele kleine und größere Geschäfte zum ausgiebigen Shoppen und Flanieren. Die malerische Kulisse bildet in Verbindung mit den vielen Cafés den perfekten Rahmen für entspannte Sommerabende.

Außerdem punktet der Ortsteil mit seinem hohen Freizeitwert: Er grenzt an den Stadtpark, die zentrale Fußgängerzone und die Grünanlagen des Burgbergs. Darüber hinaus sorgen diverse Einrichtungen im Godesberger Zentrum dafür, dass man auch gut ohne die Bonner City auskommt: Kino, Theater, langläufige Parks und natürlich die über allem thronende Godesburg. Auch musikalisch kann man auf seine Kosten kommen: Die Klangstation (direkt am Bahnhof) bietet Livemusik im netten Biergarten. Und wenn dir das doch nicht reicht: Bonn-Zentrum kannst du problemlos sowohl mit der Regionalbahn (in ca. 3 Minuten) als auch mit Bussen und der Straßenbahn (in ca. 15 Minuten) erreichen.

Lieblingsplatz: Die **Godesburg**! Das Wahrzeichen wurde 1210 auf einem erloschenen Vulkan erbaut und ist seit seiner spektakulären Zerstörung im Jahre 1583 durch Ernst von Bayern lediglich als Ruine erhalten. Für einen atemberaubenden Ausblick über das Rheintal, das

INFOBOX

Miethöhe:

Einwohnerdichte:

Grünfläche:

Distanz zum Münsterplatz: 7,5 km

Bonn

endlich

endlich

ndlich

Bonn

Siebengebirge und bei klarem Wetter sogar bis zum Kölner Dom lohnt es sich, den Bergfried (122 m ü. NN) zu erklimmen. www.godesburg-bonn.de

7 Godesberg-Villenviertel

Man wird ja noch träumen dür-fen! Das Villenviertel bedeutet Wohnen mit Vorzeige-Adresse. Dieses Fleckchen wurde eigentlich nur im Volksmund „Villenviertel" genannt, aber mit der Zeit erhielt die Bezeichnung Eingang in den Wortschatz der Stadtverwaltung und so wurde es dann offiziell.

Und der Name hält tatsächlich, was er verspricht: Das Villenviertel schmückt sich mit einer Vielzahl beeindruckender Gründerzeithäuser. Es befindet sich direkt zwischen den linksrheinischen Bahnschienen und dem Rhein, ist aber trotzdem eine sehr ruhige Wohngegend. Die malerischen und verspielt verzierten Fassaden sind Zeitzeugen des Wohlstands zu Beginn des 20. Jahrhunderts, als u. a. besonders gut betuchte Pensionäre aus dem Kölner Raum dort ihre prächtigen Stadthäuser errichten ließen.

INFOBOX

Miethöhe:

Einwohnerdichte:

Grünfläche:

Distanz zum Münsterplatz: 7 km

Viele der Villen werden und wurden als Botschaften, Regierungsaußenstellen oder Konsulate genutzt. Hier zu wohnen bedeutet nicht nur eine umwerfende Umgebung, sondern auch repräsentativen Anspruch, denn rechts und links deiner Luxus-Anschrift residieren bekannte Größen aus Politik und Kultur. Also denk spätestens beim Umzug unbedingt daran, neue Visitenkarten zu bestellen!

Lieblingsplatz: Eigentlich ist das komplette Viertel ein einziger, großer Lieblingsplatz. Man kann wunderbar durch die Straßen streifen und sich die Traumwohnung ausgucken, die man irgendwann einmal gerne hätte ...

8 Rüngsdorf

Rüngsdorf liegt unmittelbar am Rhein im Osten von Bad Godesberg. Nach 1949 war das Viertel ein beliebter Standort der Botschaften und Konsulate aller möglichen Länder, heute ist es eine mit vielen Villen geschmückte Wohngegend. Das merkt man natürlich

auch am Quadratmeterpreis. Eine Handvoll diplomatischer Einrichtungen sind noch heute hier zu finden, wie beispielsweise die Außenstelle der US-Botschaft in der Deichmannsaue.

Dank der vielen Grünflächen und verschiedenen Wege am Rhein, inklusive Panoramablick aufs Siebengebirge, besitzt Rüngsdorf einen hohen Erholungsfaktor. Einkäufe für das tägliche Überleben kannst du problemlos und ohne weite Wege bewerkstelligen und

INFOBOX

Miethöhe:

Einwohnerdichte:

Grünfläche:

Distanz zum Münsterplatz: 8,5 km

Bonn endlich endlich endlich Bonn

dank des dichten Busnetzes erreichst du auch mühelos den Godesberger Bahnhof. Wenn es dann mal noch etwas luxuriöser zugehen
soll, gibt es in Rüngsdorf eine ganz besondere Lokalität: das Rheinhotel Dreesen. Das extravagante Gebäude aus dem Jahre 1893 hat
schon viele Berühmtheiten beherbergt und der „Kastaniengarten" –
eine imposante Terrasse mit Glasüberdachung – ist der perfekte Ort
für außergewöhnliche Anlässe.

Lieblingsplatz: Im Sommer
bietet Rüngsdorf ein echtes
Highlight: das **Panoramabad**
(Am Schwimmbad 8). Ein großes Freibad mit imposanter
Wasserrutsche direkt am Rhein
und Blick aufs Siebengebirge.
Abends ist der großzügig
beleuchtete Zehnmeterturm
auch aus großer Entfernung
noch zu sehen. --> s. „Es ist Sommer", S. 130

9 Heiderhof

Nachdem Bonn zur Hauptstadt geworden war, hat man diesen
Ortsteil gebaut, um die Wohnraumengpässe auszugleichen, trotz
teilweise einfacher Bauweise und einiger Hochhäuser, ist die Wohn-

INFOBOX

Miethöhe:

Einwohnerdichte:

Grünfläche:

Distanz zum Münsterplatz: 10 km

gegend nicht schlecht. Das
Besondere ist, dass du dich hier
gut 100 m über der Innenstadt
befindest, was dir einen guten
Überblick über die Stadt ver-
schafft. Dazu bietet diese
Höhenlage im Sommer den
Vorteil, dass meist eine kühle
Brise weht.

In Heiderhof befindet man sich direkt an der Grenze zur Gemeinde Wachtberg, aber dank einer sehr guten Busanbindung – auch der Nachtbus 3 bringt dich zu später Stunde noch nach Hause – kann man auch ohne Auto flexibel in die Innenstadt gelangen. Die täglichen Erledigungen kannst du allerdings direkt im nahe gelegenen Einkaufszentrum machen.

Das Wohnklima in Heiderhof ist durch die vielen verkehrsberuhigten Wohngebiete sehr angenehm. Alles in allem bildet das Viertel aber eine unspektakuläre Mischung aus Reihen- und Hochhäusern, die ab 1965 speziell für Bundesbedienstete gebaut wurden: Auch Herbert Wehner und Hans-Dietrich Genscher haben hier einmal gewohnt. Das etwas ausdruckslose Gesicht der Siedlungen wird durch die direkte Verbindung zum südlichen Teil des Kottenforst-Naturparks und zum Marienforster Tal etwas kompensiert: Du kannst also schnell zu Fuß oder mit dem Fahrrad ins Grüne flüchten!

Lieblingsplatz – für Kleine: An der Independent Bonn International School (IBIS) lernen Kinder aus 33 Nationen gemeinsam für's Leben. Bunt, vielsprachig und wissbegierig geht es hier zu!
Und für Große? Im Heiderhöfchen / El Patio (Sommerbergweg 4) kann man in rustikalem Ambiente echt spanische Tapas, Paella und Crema catalana genießen!

10 Muffendorf

In diesem kleinen, im Rheintal gelegenen Ortsteil von Godesberg reihen sich eine Menge fränkischer Fachwerkhäuser aneinander und sorgen für die charakteristische, malerische Atmosphäre. Das Viertel wird fast ausschließlich als Wohngegend genutzt und zählt mit zu den beliebtesten Ortsteilen in Bad Godesberg.

Hier beschleicht dich vermutlich schnell das Gefühl, in einer dörflichen Gemeinschaft zu wohnen, obwohl du dank der guten Verkehrsanbindung schnell und unkompliziert ins Stadtleben von Bonn und sogar Köln eintauchen kannst. Muffendorf ist also der perfekte Platz für alle, die in ihrer Freizeit viel Wert auf Ruhe und Erholung legen und trotzdem halbwegs schnell in der Stadt sein möchten.

INFOBOX

Miethöhe:

Einwohnerdichte:

Grünfläche:

Distanz zum Münsterplatz: 8,7 km

Das besondere Lebensgefühl der Muffendorfer – verbunden mit einem gewissen Lokalpatriotismus – wird bei verschiedenen Veranstaltungen sichtbar, wie beispielsweise der Muffenale (eine Art Künstler- und Handwerkermarkt) oder der Muffensause (das jährlich stattfindende Ortsteilfest). Und Muffendorf hat sogar sein eigenes Bier: das Muffengold!

11 Pennenfeld

Bis Mitte des 20. Jahrhunderts war dieser Ortsteil noch freies Feld und erst im Zuge der Wohnraum-Beschaffungsmaßnahmen zu Beginn der Hauptstadtphase wurden hier zahlreiche Wohnsiedlungen errichtet. Das macht dann auch das „modernere" Wohnambiente von Pennenfeld aus.

Besonders eine der so genannten „Amerikanischen Siedlungen" (im Bereich um Zeppelin-, Zander- und Röntgenstraße sowie die Hans-Böckler-Allee), die seit 15 Jahren unter Denkmalschutz steht, prägt das Erscheinungsbild dieser Wohngegend.

Für Familien ist Pennenfeld die optimale Wohngegend und hat nicht umsonst die höchste Schuldichte Godesbergs aufzuweisen: Hier gibt es zwei Gymnasien, zwei Realschulen, eine Hauptschule und eine Grundschule. Wenn du hier wohnen willst, solltest du also nichts gegen Pausenlärm haben.

Lieblingsplatz für alle Sportbegeisterte ist der **Sportpark Pennenfeld** (Mallwitzstr.). Die Anlage ist über 60.000 m² groß und lässt jedes Sportlerherz höher schlagen. Hier kannst du bei hochkarätigen Sportveranstaltungen mitfiebern, z. B. bei Spielen der Basketball-Bundesliga. Auf dem Außengelände geht es vor Siebengebirgs-Kulisse beim American Football schon mal etwas handfester zu.

INFOBOX

Miethöhe:			
Einwohnerdichte:			
Grünfläche:			

Distanz zum Münsterplatz: 8,5 km

Bonn endlich

endlich endlich

Bonn

12/13 Lannesdorf & Mehlem

Hier stoßen wir an den südlichsten Punkt der Stadt Bonn, wo das Rheintal schon deutlich schmaler wird und das Wohnklima weitestgehend idyllisch und ruhig ist. Die beiden historischen Ortskerne schlummern im eigenen dörflichen Charme und neben süßen, kleinen Straßen findest du jede Menge liebevoll gepflegter Gärten. Trotz der verschlafenen Atmosphäre kannst du alle Dinge des täglichen Lebens vor Ort erstehen. Und vom Bahnhof Mehlem/Lannesdorf bist du in nur etwa sechs Minuten am Bonner Hauptbahnhof.

Im Osten, entlang der Schienen, haben sich nach dem zweiten Weltkrieg viele große Industriebetriebe angesiedelt, was auch zum Bau einiger Arbeitersiedlungen führte. Der größte Arbeitgeber vor Ort ist heute immer noch ein Industrieunternehmen – es stellt Carbon- und Graphitmaterialien her.

Karneval wird in Lannesdorf ebenfalls ausgiebig gefeiert, allerdings mit der Besonderheit, dass man hier nicht Gefahr läuft, von zu vielen Süßigkeiten Bauchschmerzen zu bekommen: In Lannesdorf dient traditionell auch Gemüse als karnevaleskes Wurfmaterial!

Lieblingsplatz: Dank der **Rheinfähre** kannst du mit dem Rad oder Auto auf die andere Rheinseite nach Königswinter und zum Drachenfels übersetzen. Ganz ohne Rheinüberquerung kommst du auf den angrenzenden Rodderberg – einen erloschenen Vulkan, dessen Lavaverwerfungen heute noch zu sehen sind. Der Ausblick vom Heinrichsblick ist atemberaubend schön. www.faehre-koenigswinter.de

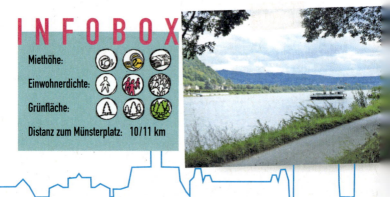

INFOBOX

Miethöhe:

Einwohnerdichte:

Grünfläche:

Distanz zum Münsterplatz: 10/11 km

Bezirk Beuel

Beuel heißt der gesamte rechtsrheinische Teil Bonns. Ein Großteil
liegt auf der Höhe der Bonner
Innenstadt und ist durch die
Kennedybrücke mit dem linksrheinischen Bonn verbunden. Du
lebst in Beuel also nicht abge-
schnitten vom Rest der Stadt,
denn die Bonner Innenstadt ist
optimal mit dem Rad, zu Fuß, mit
der Straßenbahn oder per Bus
erreichbar. Der Beueler Bahnhof
ist außerdem der Knotenpunkt für
den rechtsrheinischen Schienenver-
kehr Richtung Köln und Koblenz.

Bonns Sonnenseite
oder „Schäl Sick"?
Eine Frage der Perspektive ...

Im Norden grenzt Beuel an die Sieg-Mündung, Niederkassel und
Troisdorf, im Osten an Sankt Augustin und im Süden an Königswinter. Siebengebirge, Drachenfels und auch der Petersberg sind nur
einen Katzensprung entfernt. Die Randgebiete zeichnen sich durch
grüne Wiesen und Wälder aus, während der Kern noch echtes
Stadtfeeling vermittelt.

Auch wenn sich die Bonner sehr unterschiedlich über die rechtsrheinischen Bereiche äußern, steht doch außer Frage, dass man hier
sehr gut wohnen, leben und arbeiten kann. So gibt es hier z. B. ein
umfangreiches Freizeitangebot: Für Cineasten stehen die Brotfabrik
(Kreuzstr. 16) und die Neue Filmbühne Beuel (Friedrich-Breuer-
Str. 68-70) bereit. Beide sind ganz besondere Locations für Filmlieb-
haber, die nicht nur Mainstream-Streifen konsumieren möchten.
www.brotfabrik-bonn.de www.rex-filmbuehne.de

Im Brückenforum (Friedrich-Breuer-Str. 17) finden viele unterschiedliche Veranstaltungen, vom Computermarkt bis hin zu diversen Konzerten, statt. Dazu gibt es viele Cafés und Restaurants direkt am Rhein oder auch im Zentrum von Beuel, in denen es sich gut schlemmen und tratschen lässt. www.brueckenforum.de

Lieblingsplatz: Beuel kann mit einem langen Rheinufer auftrumpfen, das viel ruhiger als die gegenüberliegende Seite ist. Im Sommer tummeln sich hier viele Leute beim Grillen, Relaxen und Spazierengehen. Leider ist das Schwimmen im Rhein durch seine unberechenbare Strömung und die zahlreichen Schiffe zu gefährlich, aber es hat bestimmt niemand etwas dagegen, wenn du deine Füße ins kühle Nass tauchst.

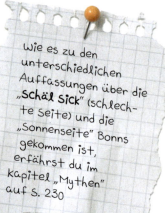

Wie es zu den unterschiedlichen Auffassungen über die „Schäl Sick" (schlechte Seite) und die „Sonnenseite" Bonns gekommen ist, erfährst du im Kapitel „Mythen" auf S. 230

1 Geislar – Wohnen an der Siegaue

Geislar ist eine eigenständige und von den anderen Beueler Ortsteilen abgetrennte Wohnsiedlung, die sich südlich der Sieg erstreckt.

INFOBOX

Miethöhe:

Einwohnerdichte:

Grünfläche:

Distanz zum Münsterplatz: 4,3 km

Die Wohngegend ist äußerst ruhig und große Teile grenzen an das Naturschutzgebiet Siegaue. Dieser Fleck Erde ist seit Jahrhunderten durch Landwirtschaft und Naturverbundenheit geprägt und bildet so einen ruhigen Gegenpol zum hektischen Stadtleben.

Die Gegend ist bei Familien und älteren Menschen sehr beliebt und ein typischer Ort für die Suche nach dem eigenen Einfamilienhäuschen oder einer Eigentumswohnung. Ein gewichtiger Grund dafür ist wohl das bereits erwähnte Naturschutzgebiet, das nicht nur ein besonderer Wohlfühlfaktor ist, sondern auch die Garantie mitbringt, dass nebenan nicht plötzlich eine Fabrik oder Einkaufsmall errichtet wird.

Trotz dieser wirklich eindrucksvoll idyllischen Atmosphäre ist man schnell in der Stadt. Die Häuser und Wohnungen in Geislar sind daher äußerst gefragt und das wiederum macht die Suche nicht wirklich leicht.

Lieblingsplatz: Die „fliegende Brücke" zwischen Geislar und Bergheim (eine Ein-Mann-Fähre) ist einmalig romantisch. Die **Siegfähre** ist eine der letzten ihrer Art in Deutschland und sorgt bereits seit 1777 für eine trockene Überquerung des Flusses. Sie ist von April bis Oktober in Betrieb und das Highlight jeder Wanderung oder Fahrradtour an der Sieg. Dass am anderen Ufer auch eine Gaststätte steht, macht die Überfahrt noch verheißungsvoller.

2/3 Schwarzrheindorf / Vilich-Rheindorf & Vilich-Müldorf

Die Ortsteile Schwarzrheindorf, Vilich-Rheindorf und Vilich-Müldorf sind sich strukturell und auch von der Wohnlandschaft her sehr ähnlich. Das Wohnklima ist geprägt durch eine Mischung aus Altbauten, älteren Einfamilienhäusern und Neubausiedlungen. In dieser Ecke Bonns gelangt man in jeder Richtung schnell ins Grüne, egal, ob mit dem Rad oder zu Fuß. Ein großer Vorteil ist die gleichzeitige Nähe zum Rheinufer und zur Siegmündung, zwei tollen Naherholungsgebieten.

Die Versorgung im direkten Umfeld ist mittelmäßig, aber sowohl Richtung Siegburg als auch Richtung Beuel-Mitte finden sich zahlreiche Einkaufsmöglichkeiten. Alle Ortsteile verfügen dank der Linie 66 über einen guten Stadtbahnanschluss, unterstützt durch einige Buslinien.

Lieblingsplatz: Entlang der **Adelheidisstraße** gibt es viele hübsche Torbögen aus romanischer und spätgotischer Zeit. Hin kommst du bequem über die gleichnamige Bahnstation.

INFOBOX

Miethöhe:

Einwohnerdichte:

Grünfläche:

Distanz zum Münsterplatz: 3 / 4,6 km

Noch ein Lieblingsplatz: In Schwarzrheindorf steht die romanische **Doppelkirche St. Maria und Clemens** (Dixstr. 41). Die ist nicht nur von außen hübsch, sondern ist auch mit prachtvollen und ausgesprochen historischen Deckenmalereien ausgestattet.

4 Beuel-Mitte

Die Hauptader des Beueler Zentrums ist die Friedrich-Breuer-Straße zwischen Kennedybrücke und Bahnhof Beuel. Hier findest du zahlreiche Geschäfte für den täglichen Bedarf und ein umfangreiches Angebot kulinarischer Köstlichkeiten aus aller Herren Länder. Die Einwohner sind eine bunte Mischung aus (internationalen) „Neulingen" und tief verwurzelten „Ureinwohnern".

Beuel-Mitte ist der zentrale Bezugspunkt für alle rechtsrheinischen Ortsteile, hier befinden sich schließlich auch die meisten Kneipen und Kultureinrichtungen rechts des Rheins, beispielsweise die Neue Filmbühne mit 30er-Jahre-Flair.

Dazu gibt es viele sehenswerte historische Gebäude, gute Einkaufsmöglichkeiten, öffentliche Einrichtungen, Kirchen, Ärzte usw. Nur eines könnte dich stören: Das hohe Mietniveau zwickt leider am Geldbeutel und macht die Wohnungssuche nicht leichter.

Lieblingsplatz: Jedes Jahr am Weiberdonnerstag wird das **Beueler Rathaus** von der Wäscheprinzessin und ihren Anhängern gestürmt. Dies ist der perfekte Einstand in die närrische Zeit und jeder Bonner sollte das Spektakel wenigstens einmal mitverfolgt haben.

INFOBOX

Miethöhe:

Einwohnerdichte:

Grünfläche:

Distanz zum Münsterplatz: 4,3 km

--> s. „Feste & Festivals", S. 223
und „Mythen", S. 232

Bonn   endlich

endlich

dlich   Bonn

5 Beuel-Ost

Ein großer Teil von Beuel-Ost
ist Industrie- und Gewerbegebiet und der Rest besteht
aus Hoch- und Mehrfami-
lienhäusern sowie einigen
dazwischen gequetschten
Eigenheimen. In den letzten
Jahren sind noch einige weitere Wohnkomplexe entstan-

den, die sich zwar positiv auf die Mietpreise ausgewirkt haben, so
richtig hübsch ist es dadurch aber auch nicht geworden.

Hier hast du zwar nur wenige Einkaufsmöglichkeiten, aber Bonn-
Zentrum und Beuel-Mitte sind für die notwendigen Besorgungen
problemlos mit Bus und Bahn zu erreichen. Bis heute kann man
dem Stadtbild ansehen, dass Beuel bis ins 19. Jahrhundert für das
gesamte Rheinland einer der wichtigsten Orte für industrielle Ferti-
gung war. Inzwischen haben viele traditionsreiche Unternehmen
den Ortsteil verlassen, doch die alten Fabrikhallen besitzen einen
ganz speziellen Charme.

Lieblingsplatz: Die **alte Jutespinnerei** (Siegburger Str. 42) zählt zu
den erwähnten Industriedenkmälern aus der Blütezeit der Indus-

trialisierung. Auf dem 1868
eröffneten Werksgelände wurde Stoff für Transportsäcke,
später Verbundmaterial für
Böden hergestellt. Heute
beherbergt es Werkstätten,
Probebühne und eine Spielstätte des Bonner Schauspiels.
www.theaterbonn.de

INFOBOX

Miethöhe:

Einwohnerdichte:

Grünfläche:

Distanz zum Münsterplatz: 3,3 km

6 Pützchen/Bechlinghoven – Wohnen am Fuße des Ennert

Der Name Pützchen ist rheinisch und heißt soviel wie „Brünnchen".
Und für seinen Brunnen ist das Viertel auch berühmt: Das Adelhei-
disbrünnchen ist aufgrund seiner legendären Geschichte zu einem
vielerorts bekannten Wallfahrtsort geworden. Bekannt ist außerdem die Kirmes „Pützchens Markt" mit jährlich rund einer Million
Besuchern. Der große Rummel bietet an fünf Tagen im Jahr alles,
was sich Vergnügungssüchtige nur wünschen können. Und selbst
wenn es nicht das größte Fest im Rheinland ist, so ist es doch eins
der liebenswertesten.

Wenn nicht gerade Kirmes ist, findest du im kleinen
Pützchen/Bechlinghoven eine sehr ruhige Wohnlage, die hauptsächlich Familien und ältere Menschen ihr Zuhause nennen. Durch
die Linie 66 ist sowohl die Beueler als auch die Bonner Innenstadt
gut zu erreichen und in die andere Richtung sind es nur einige
Minuten zum Siegburger Hauptbahnhof.

Lieblingsplatz: Das „Quellwunder von Pützchen" ereignete sich, als
die heilige Adelheid aus dem benachbarten Stift in Vilich während
einer Dürreperiode inmitten einer Prozession niederkniete. Ihr Stab
versank im Boden und genau dort begann Quellwasser zu sprudeln.
Dem Wasser des an dieser Stelle errichteten **St. Adelheid Brunnens**
(Am Karmelkloster 20) werden umfassende Heilkräfte zugesprochen.

Miethöhe:

Einwohnerdichte:

Grünfläche:

Distanz zum Münsterplatz: 5,1 km

7 LiKüRa – Limperich, Küdinghoven & Ramersdorf

LiKüRa ist der Zusammenschluss der Dörfer Limperich, Küdinghoven und Ramersdorf. Hier findest du ein modernes Wohnklima mit vielen Ein- und Mehrfamilienhäusern. Das liegt vor allem daran, dass die früher eher dörfliche Umgebung einen rasanten Umschwung zu einem vollwertigen Ortsteil hingelegt hat. Entscheidender Faktor war die Anbindung an die Autobahnbrücke der A 562, die eine direkte Verbindung zum linksrheinischen Regierungsviertel herstellt. Um den täglichen Bedarf zu decken, musst du aber nicht gleich rüber fahren, das geht vor Ort auch ganz gut.

Zugang zum Grünen gibt es auch: Der letzte Zipfel des Landschaftsparks Rheinaue grenzt an das Gebiet und auch der restliche linksrheinische Teil der Naherholungsanlagen ist bequem zu erreichen.

Einmal im Jahr kannst du Zeuge eines besonderen Brauchs werden, wenn die Küdinghovener Junggesellen aus ausgeblasenen Eiern die traditionelle „Eierkrone" basteln. Das imposante, höchst zerbrechliche Kunstwerk wird anschließend an zentraler Stelle aufgehängt.

Lieblingsplatz (zur richtigen Zeit): Der **LiKüRa-Karnevalsumzug** findet am närrischen Sonntag statt und ist außerordentlich sehenswert. Der bunte und traditionsreiche Umzug wird durch den Auftritt Ihrer Lieblichkeit, der LiKüRa-Prinzessin abgerundet und ist ein echtes Muss für jeden, der Karneval voll auskosten will.
www.likuera.com

INFOBOX

Miethöhe:	
Einwohnerdichte:	
Grünfläche:	
Distanz zum Münsterplatz:	4 km

8 / 9 / 10 Holzlar, Holtorf & Hoholz

Die drei Ortsteile klingen nicht nur ähnlich, alle drei zeichnen sich auch durch die gleichen, entscheidenden Merkmale aus: ihre Nähe zum Naturschutzgebiet Ennert und jede Menge Reihenhäuser und Doppelhaushälften. Die schicke Berglage ist vor allem für Familien, aber auch für einige Gäste in den netten Ferienhäuschen vor Ort interessant. Und die guten Nahversorgungsmöglichkeiten in Verbindung mit dem dörflichen Flair bieten eine hohe Lebensqualität.

Wälder, Bäche, Seen und Weiher – die gute Lage am Rande des Birlinghovener Waldes und die Nähe zum Ennert sind perfekt für Erkundungstouren zu Fuß oder per Rad. Und auch die kleinen Ortschaften mit ihren vielen Fachwerkhäusern sind einfach idyllisch!

Lieblingsplatz: Die **Holzlarer Wassermühle** ist eine der wenigen vollfunktionsfähigen Mühlen im Bonner Raum. Dieses frühindustrielle Denkmal wurde mit Liebe zum Detail restauriert und kann nach Terminvereinbarung oder zur Adventszeit während des Holzlarer Weihnachtsmarkts besucht werden. www.holzlarer-muehle.de

INFOBOX

Miethöhe:			
Einwohnerdichte:			
Grünfläche:			
Distanz zum Münsterplatz:	6 – 8 km		

Bonn endlich

endlich

endlich

Bonn

11 Oberkassel — Wohnen am Fuße des Siebengebirges

Oberkassel ist ein Mix aus städtischen Wohnanlagen, alten Höfen und Winzerhäusern. Das kommt daher, dass es hier zum einen eine lange Weinbautradition gibt, zum anderen aber die Bevölkerung der Großstadt Bonn ausreichend Wohnraum benötigt.

Die eigenständige Infrastruktur bietet eine gute Nahversorgung und neben der Bahnlinie und dem direkten Anschluss an die Bundesstraße 42 hat man hier auch die Möglichkeit, den Schiffsanleger der BPS (Bonner Personen Schifffahrt) in Richtung Bonn-Innenstadt, Köln oder Koblenz zu nutzen. www.b-p-s.de

In Oberkassel trifft man auf zwei lustige Gesellen, die sich inzwischen in mehreren Bonner Ortsteilen häuslich eingerichtet haben. Du wirst sie sicher finden, wenn du mit offenen Augen durch Oberkassel streifst!

Lieblingsplatz: Der **Bonner Bogen** wurde auf dem Fabrikgelände einer ehemaligen Zementfabrik errichtet. Er bildet den Grenzbereich der Ortschaften Oberkassel und Ramersdorf und dient heute als Büro- und Tourismuszentrum. Neben einigen alten Fabrikgebäuden kannst du auf dem Gelände auch exklusive Gebäude des Architekten Karl-Heinz Schommer bestaunen. Am Rheinufer befindet sich ein großzügiger Weg mit vielen Bänken und auch ein luxuriöses Café lädt zum Verschnaufen ein.

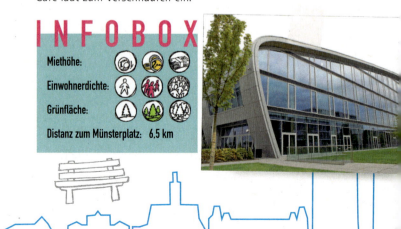

INFOBOX

Miethöhe:

Einwohnerdichte:

Grünfläche:

Distanz zum Münsterplatz: 6,5 km

Bezirk Bonn Hardtberg

Bonn Hardtberg mit den Ortsteilen Brüser Berg, Hardthöhe, Lengsdorf und Duisdorf (inklusive Meding- hoven) ist nicht nur der west- lichste, sondern auch der kleinste Stadtbezirk Bonns. Aber nur wegen seiner geringen Größe braucht sich Hardtberg nicht hinter den anderen zu ver- stecken – der kleine Bezirk hat nämlich tatsächlich so einiges zu bieten!

1 Duisdorf

Dieser Ortsteil hat eine reizende und belebte Fußgängerzone und bei schönem Wetter kommen hier gleich Urlaubsgefühle auf. Man trifft sich im Bistro Eselchen oder in einem der vielen anderen Restaurants. Außerdem kannst du dich in Duisdorf wie ein Affe zwi- schen den Bäumen entlang hangeln, denn hier gibt es einen Klet- terwald. Er ist in das Hardtbergbad integriert und verfügt über mehrere Parcours mit unterschiedlichen Schwierigkeitsgraden.

Duisdorf hat ein lebendiges kulturelles Leben: Zum Duis- dorfer Jazz Sommer, dem musikalischen Höhepunkt des Jahres, kommen die Zuhörer von weit her. Im Ortsteil ist außerdem das sehenswerte Amateurtheater tik – theater im keller zu Hause.

INFOBOX

Miethöhe:

Einwohnerdichte:

Grünfläche:

Distanz zum Münsterplatz: 4,1 km

Lieblingsplatz: Spannend und laut wird es, wenn die Telekom Baskets im Telekom Dome spielen. Dann strömen Menschen aus Bonn und Umgebung nach Duisdorf, um die Mannschaft des lokalen Basketballvereins anzufeuern, was das Zeug hält.

2 Hardthöhe

Der Ortsteil Hardthöhe besteht im Prinzip nur aus dem Gelände des Bundesverteidigungsministeriums. Immer wieder wird eine Verlegung des Ministeriums nach Berlin diskutiert. Was dann aber aus der Hardthöhe würde, ist offen.

Lieblingsplatz? Es würde vielleicht einen geben, wenn man als Normalsterblicher den eingezäunten Bereich betreten dürfte! Andererseits bleibt der nicht-militaristische Zeitgenosse vielleicht auch einfach gerne draußen.

3 Lengsdorf

Lengsdorf bedeutet Ruhe und dörfliche Atmosphäre. An der gepflasterten Hauptstraße findet man ein paar Geschäfte und das Heimatmuseum Lengsdorf, und in der Mitte liegt der Dorfplatz mit einer alten, blumenbepflanzten Weinpresse.

INFOBOX

Miethöhe:

Einwohnerdichte:

Grünfläche:

Distanz zum Münsterplatz: 3,8 km

Lieblingsplatz: Besonders lohnend ist der Aufstieg zum nahegelegenen **Kreuzberg**, denn von dort oben hat man einen prächtigen Ausblick. In einem Gebäude vor der hübschen Kirche auf dem

Kreuzberg befindet sich die „Heilige Stiege", die Balthasar Neumann nach dem Vorbild in Rom gebaut hat. Manche munkeln, unter der außergewöhnlichen Treppe befänden sich Stückchen vom Kreuz Jesu.

4 Brüser Berg

Das Zentrum von Brüser Berg erstreckt sich entlang der Von-Guericke-Allee, der Borsigallee und der Edisonallee. Hier befinden sich Geschäfte, Restaurants, die Stadtteilbibliothek und ein Eiscafé. Die Fußgängerzone ist begrünt und überall gibt es Sitzmöglichkeiten. Die Wohngebiete sind zweigeteilt: Auf der einen Seite mehrstöckige Wohnhäuser, auf der anderen Seite Einfamilienhäuser.

Bis vor kurzem konnte man hier regelmäßig Anfeuerungsrufe und Jubelschreie durch die Straßen schallen hören, denn hier haben die Telekom Baskets (der Bonner Basketballverein) ihre Spiele in der Hardtberghalle ausgetragen. Jetzt ist es etwas ruhiger geworden, denn inzwischen spielen sie im Telekom Dome in Duisdorf.

Lieblingsplatz: In der autofreien Fußgängerzone kann man sich bei einem Eis **vom** anstrengenden Tag erholen.

INFOBOX

Miethöhe:

Einwohnerdichte:

Grünfläche:

Distanz zum Münsterplatz: 5,9 km

Bonn   endlich   endlich
ndlich   endlich   Bonn

F

Straf

Wer gerne unterwegs ist, merkt in Bonn schnell: Diese Stadt hat einfach die ideale Größe! Sie ist groß genug, um gleich eine ganze Reihe von Fortbewegungs-Optionen zu haben, und gleichzeitig so klein, dass du niemals lange unterwegs bist. Was will man mehr?

Füße

In Bonn sind viele Wege kurz: In der City z. B. erreichst du bequem alles zu Fuß und auch der Hauptbahnhof liegt sehr zentral. Von hier aus kannst du direkt zu Geschäften, Büros und zahlreichen Universitätsgebäuden in der Innenstadt laufen. Die ist übrigens eine reine Fußgängerzone. Das bedeutet für dich: in Ruhe schlendern, schauen, shoppen. Aber Vorsicht: Auch wenn man es auf den ersten Blick nicht vermutet, hat sich sogar schon so manch Einheimischer in den vielen krummen Straßen und Gassen verlaufen. Selbst mit gutem Orientierungssinn stehst du also manchmal plötzlich an der falschen Ecke. Zum Glück gilt jedoch: Viele Wege führen zum Markt-, Münster- oder Friedensplatz!

Sohle durchgelatscht? Absatz ab? Hier findest du Hilfe:

Michael Döring (Weberstr. 126)
www.facebook.com
--> Schuhmachermeister Michael Döring – Bonn Südstadt

Michael kessler
(Endenicher Str. 345)
www.schuhmacher-kessler.de

Mister Minit (Remigiusstr. 20-24) www.misterminit.eu
--> shop Locator
       --> Standort: Bonn

Wenn nichts mehr zu machen ist ... Schuhgeschäfte satt gibt es in der **Sternstraße.**

Unser Tipp zum Heimischwerden: Lass dich vom rituellen Sonntags-spaziergang anstecken, den besonders der ältere Bonner gerne auf der Poppelsdorfer Allee oder den Rhein entlang zelebriert. Etwas spießig – aber ideal, um Bonns dörflich-urbanen Charme lieben zu lernen.

Fahrrad

Bonn hat ein großes Ziel: bis 2020 Fahrrad-
hauptstadt NRWs sein! Die Radwege sollen
optimiert, die Sicherheit verbessert werden
und vieles mehr. Aber schon jetzt ist der
gute alte Drahtesel oftmals das Mittel der
Wahl, wenn es von A nach B geht.

Die Stadt macht es dir auch wirklich nicht schwer, eine Vorliebe für
deinen zweirädrigen Begleiter zu entwickeln: Solange du nicht weit
draußen wohnst, bist du aus allen Richtungen in 10–20 Minuten in
der City – und damit oft auch schneller als mit Bus oder Auto. Die
wichtigsten Strecken sind gut beschildert und an den großen
Hauptverkehrsstraßen nutzt du die gekennzeichneten Fahrradwege
auf den Fahrbahnen. Außerdem sind die meisten Einbahnstraßen
für Fahrräder keine. Wer den Stadtverkehr nicht mag, kann alternativ den Rhein auf beiden Seiten großartig hoch- und runterradeln.
Das führt nicht unbedingt ans Ziel, ist aber schön.

Die vielen Räder, die in Bonn
parken und warten, ziehen
natürlich auch Langfinger an.
2014 wurden in Bonn 3.358
von ihnen gestohlen – das ist
leider überdurchschnittlich für
Deutschland. Da die Aufklä-
rungsquote bei nur 5% liegt,
lässt du es am besten gar nicht
so weit kommen!

Fahrradstellplätze gibt es im Bonner Zentrum rund um die Fußgängerzone. Am Hauptbahnhof reicht die Zahl allerdings fast nicht
mehr aus. Direkt an Gleis 1 findest du höchstwahrscheinlich noch

ein Plätzchen, auf der Rückseite des Bahnhofs (Quantiusstr.) braucht man manchmal etwas Glück.

Wer einen sicheren Parkplatz für das ganze Wochenende braucht, oder sein teures Mountainbike einfach nicht lange unbeaufsichtigt stehenlassen will, für den ist vermutlich die **Radstation am Hauptbahnhof** (Quantiusstr., gegenüber Haus Nr. 10) das Richtige. Gegen das entsprechende Kleingeld weißt du hier dein Rad gut aufgehoben und da die Station von der Caritas betrieben wird, unterstützt du damit auch noch eine gute Sache. www.radstationbonn.de

Wenn du noch kein Fahrrad hast, schau doch mal beim **Fahrradmarkt** auf der Hofgartenwiese vorbei. Dort gibt es zwischen April und Oktober gebrauchte Drahtesel günstig von Privatleuten zu kaufen! Mehr Infos unter: www.asta-bonn.de/Fahrradmarkt

Natürlich kannst du dein Rad aber auch im Fachgeschäft kaufen. Hier bekommst du auch einen neuen Schlauch oder eine professionelle Reparatur für deinen lahmenden Drahtesel:

Zentrum

Radladen Rückenwind (Kaiserstr. 30): Sportsfreunde können hier insbesondere Trekkingfahrräder, Crossbikes und Fitnessräder kaufen oder in Reparatur geben. Eine große Auswahl an Pedelecs findest du hier außerdem. www.radladenrueckenwind.de

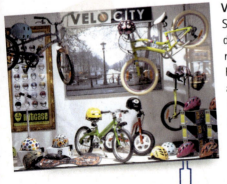

Velocity (Belderberg 18): Ein Schaufenster zum Nase-Plattdrücken! Hier bekommst du nicht nur Räder für Groß und Klein, sondern auch Fahrradanhänger und die passende Bekleidung für deine Tour. www.velo-city.de

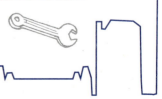

Klingeling (Belderberg 32): Jede Menge Gebrauchtfahrräder (mit Klingel) warten auf neue Besitzer. Der bei der Uni gelegene Laden bietet zudem Reparaturen, Tuning sowie nette Beratung – und das alles für kleines Geld. www.klingeling-bonn.de

Cycles Bonn (Stiftsplatz 1): Hier findest du Hollandräder, Trekkingräder, Stadträder, Elektroräder, Falträder und vieles mehr. www.cycles-bonn.de

Nordstadt

Bike-House Bonn (Mackestr. 36; früher: Die Fahrradbude): Der Laden bietet Gebrauchtfahrräder, Zubehör und Reparaturen. Er wird wie die Radstation von der Caritas betrieben und beschäftigt vorübergehend arbeitslose Jugendliche und junge Erwachsene. www.bike-house-bonn.de

Altstadt

Fahrradhaus Heinen (Maxstr. 49): In diesem Ein-Mann-Betrieb erhältst du eine fachkundige und individuelle Beratung vom Profi.

Moos Fahrradmanufaktur (Adolfstr. 49): Hier bekommst du Neu- und Gebrauchträder, eine Menge Zubehör, Ersatzteile und repariert wird dein kaputtes Bike natürlich auch.
www.moos-fahrrad-manufaktur.de

Fahrrad Bröhl (Annagraben 74): Wenn alle Ersatzteile da sind, wird hier dein Rad innerhalb von 24 Stunden wieder flott gemacht.
www.fahrrad-broehl.de

Südstadt

Fahrradladen in der Südstadt (Bonner Talweg 121): Der Laden bietet ein großes Angebot an Ersatzteilen. Lastenräder, Hollandräder, Mountainbikes – hier bleibt keine Kette ungeölt! www.flids.de

Endenich

Radsport Schmitz (Endenicher Str. 349): „Das Leben ist zu kurz, um ein schlechtes Bike zu fahren!" lautet hier der Wahlspruch und der ist Programm. www.radsport-schmitz.de

Poppelsdorf

Rad Total (Sternenburgstr. 1–3): Netter, familiengeführter Laden. Hier kannst du dir dein Traumfahrrad bauen lassen! Auch Roller werden repariert. www.radtotal-bonn.de

Weststadt

Fahrradhaus Jupp Sauerborn (Wittelsbacherring 40a): Hier gibt's die Express-Reparatur für Notfälle. www.fahrrad-sauerborn.de

Beuel

Radladen Hoenig & Röhrig (Hermannstr. 28–30): Im Laden gibt's ein großes Sortiment an Fahrrädern und Ersatzteilen zu entdecken und die Reparaturen gehen blitzschnell. www.radladen-hoenig.de

St. Augustin

Fahrrad XXL (Einsteinstr. 35, 53757 St. Augustin): Die Übergröße unter den Fahrradläden für die Fanatiker unter euch! Hier gibt es wirklich ALLES inklusive einer stylischen Indoor-Teststrecke! www.fahrrad-xxl.de

Viele Infos, Tourenvorschläge in und um Bonn sowie Tipps fürs sichere Fahren in der Großstadt findest du unter: www.adfc-bonn.de

Öffentliche Verkehrsmittel

Schienen

Innerhalb von Bonn kannst du entweder die Straßenbahn oder die U-Bahn benutzen, die U-Bahn ist im Zweifel immer die schnellste direkte Verbindung zur Rheinaue. In beiden Fällen gibt es aber nicht sehr viele Linien, denn diese Stadt fährt vor allem Bus!

Bonn hat allerdings eine super Zuganbindung. Besonders auf der Strecke Köln–Bonn ist immer was los: drei Züge pro Stunde und das jeden Tag und von morgens früh bis abends spät. Beide Städte sind Teil des Verkehrsverbundes

Rhein-Sieg, ebenso wie Koblenz. Infos zu Strecken, Fahrplänen und Tarifen findest du hier: www.vrsinfo.de

Drei oder mehr Räder

Die meisten Bonner nehmen den Bus. Der fährt immer und überall und in so gut wie alle Richtungen, denn es gibt insgesamt etwa 30 Linien. Zentrale Haltestellen sind natürlich der Hauptbahnhof (folge einfach den Schildern zum „ZOB", dem Zentralen Omnibus-Bahnhof) sowie der Bertha-von-Suttner-Platz kurz vor der Kennedy-Brücke. Fahrpläne findest du online unter:
www.swb-busundbahn.de   www.vrsinfo.de

Wie in jeder größeren Stadt können sich Nachtschwärmer auch in Bonn von Nachtbussen sicher nach Hause bringen lassen. Insgesamt zehn Linien gibt es (N1–N10), die vom Bahnhof aus Rundtouren in alle Himmelsrichtungen machen. Am Wochenende fährt jeder Bus fünf- bis sechsmal vom Hauptbahnhof ab und du kommst noch bis halb fünf nach Hause. Unter der Woche fahren die Busse seltener und auch nicht ganz so lange. Alles zu deinem Nachtbus findest du unter: www.swb-busundbahn.de

Mehr dazu, wie du sicher durch die Nacht kommst, erfährst du im Kapitel „Feiern", S. 169

--> Fahrpläne
--> Nachtbuslinien

Bonn ist in Tarifzonen unterteilt. Für ein Kurzstreckenticket (K) zahlst du z.B. als Erwachsener 1,90 Euro, für ein Ticket Preisstufe 1b (damit kannst du innerhalb des Bonner Stadtgebiets fahren)

2,90 Euro. Wenn sich für dich ein Monatsticket nicht lohnt, dann ist es sinnvoller, ein Viererticket statt eines Einzeltickets zu kaufen.

Studenten entrichten mit ihrem Semesterbeitrag von um die 290 Euro (Stand: Sommersemester 2018) automatisch auch den Beitrag für das Semesterticket. Damit darfst du jederzeit dein Fahrrad kostenfrei mitnehmen. Außerdem ist dir an Werktagen ab 19.00 Uhr und an Wochenenden und Feiertagen ganztägig erlaubt, eine weitere Person ab 14 Jahren und bis zu drei Kinder kostenlos mitzunehmen.

Für Nicht-Studenten gilt: Du kannst deinen geliebten Drahtesel – gegen Aufpreis – in allen Verkehrsmitteln des VRS mitnehmen. Einfach ein Einzelticket für Erwachsene (Preisstufe 2a) lösen und solange in Bus und Bahn genügend Platz ist, darf das Bike ohne zeitliche Einschränkungen im ganzen Netz überall mit dir hin.

Übrigens kannst du auch für alle Strecken im VRS-Tarif ein Handy-Ticket lösen!

Auto

Brauchbar ist ein Auto in Bonn eigentlich nur, wenn du außerhalb des Stadtgebiets wohnst. Aber auch in dem Fall brauchst du im Berufsverkehr wahrscheinlich länger als mit dem Rad oder dem ÖPNV. Der Nase nach zu fahren empfiehlt sich übrigens auch nicht: Stress-Schock im Einbahnstraßendschungel ist garantiert!

Und wenn du ins Zentrum fährst, heißt das außerdem: Parkplatzprobleme – zumindest oberirdisch. Unter der Innenstadt findet sich aber immer ein Plätzchen, wenn auch manchmal auf verschlungenen Pfaden.

Eine Übersicht der Bonner Parkhäuser gibt's online. Hier kannst du auch gleich sehen, wie viele Plätze noch frei sind.
www.bcp-bonn.de

Du willst ein Auto nur dann, wenn du es wirklich brauchst? Dann bist du ein ziemlich heißer Kandidat für Car-Sharing! In dieser Hinsicht hat Bonn einiges zu bieten. Anbieter wie **StattAuto**, **CambioSharing** oder **Scouter** buhlen in der Rheinstadt um deine Gunst. Und alle haben dabei auch die Umwelt im Blick. StattAuto bietet neben den herkömmlichen Modellen ein klimaneutrales Elektroauto. CambioSharing arbeitet ausschließlich mit sauberem Ökostrom. Und Scouter neutralisiert auf Wunsch und natürlich gegen Aufpreis deinen CO_2-Ausstoß durch klimafreundliche Projekte. www.stattauto.com
www.cambio-carsharing.de/bonn   www.scouter.de --> Bonn

Zu Wasser

Die schönste Fährbindung in Bonn bietet die **Rheinnixe**. Auf dem familienbetriebenen „Shuttle"-Schiffchen kannst du für einen Euro zwischen der Bonner und der Beueler Rheinseite wechseln. Nach einer Überfahrt bei schönem Wetter auf dem Sonnendeck kommst du garantiert entspannt auf der anderen Seite an. Ein Zehnerticket gibt's schon für 6,60 Euro oder du leistest dir als Student ein Monatsticket für 10 Euro. Anlegestellen in Bonn: Brassertufer, Höhe Erste Fährgasse; in Beuel: Hans-Steger-Ufer, Höhe Steinerstraße.
www.rheinnixe.com

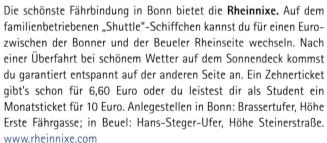

Wer einen längeren Ausflug auf dem Wasser plant, macht sich am besten auf der Homepage der **Bonner Personen Schifffahrt** schlau oder schaut bei einem Spaziergang im Hauptbüro vorbei (Brassertufer „Alter Zoll"). www.b-p-s.de

Zahnradbahn

Ein Verkehrsmittel der besonderen Art und sicher mal einen Ausflug wert ist die Drachenfelsbahn im 12 km entfernten Königswinter. Die älteste Zahnradbahn Deutschlands bringt dich von der Altstadt Königswinters ins Siebengebirge. Probier's mal aus!

www.drachenfelsbahn-koenigswinter.de

In der Luft

Und dann gibt es da noch den **Flughafen Köln-Bonn**. Okay, der Flughafen liegt auf Kölner Boden, aber in 20 bis 30 Minuten bist du mit dem Zug oder dem Schnellbus da, praktischerweise liegt der Fernbahnhof des Flughafens direkt unterhalb des Terminals. Und dann startest du von hier zu Zielen in ganz Europa und der weiten Welt. Ist das was? Das ist was!

www.koeln-bonn-airport.de

lecker

lecker

lecker

mampf

Restaurant

Hunger?

Hunger

Hunger

Hunger

Essen

Essen

Essen

Essen

Essen

Kochen

Kochen

Hunger

mampf

Fast Food

Fast Food

Fast Food

mampf

endlich

Hunger? Hunger?

Essen
zu Hause

endlich

Kochen
Bringdienst Pizza
kaufen Pizza
Kochen
Kochen
Einkaufen
Einkaufen
Einkaufen
Einkaufen
Einkaufen

Kochen
Einkaufen
Bringdienst

Essen hält ja bekanntlich Leib und Seele zusammen. Natürlich kannst du deinen Gaumen in Bonner Lokalen mit allerlei Genüssen verwöhnen lassen – von der Küche des Orients über die Speisen Bella Italias bis hin zu einer ordentlichen Portion Currywurst mit Pommes. Es gibt aber auch genügend Gründe, in den eigenen vier Wänden den Kochlöffel zu schwingen – sei es, um die Freunde mit dem Lieblingsgericht zu verwöhnen, um aus den Resten im Kühlschrank ein schnelles Mahl für die gesellige WG-Runde zu improvisieren, oder, um mal ein ganz neues Rezept auszuprobieren.

Schließlich liefern Kochbücher und Foodblogs Inspiration ohne Ende, im halben Abendprogramm wird gekocht, es gibt Koch-Yoga, Kochkurse und natürlich den direkten Draht zu Muttern, falls die Suppe mal wieder angebrannt und guter Rat teuer ist.

Kochen in Bonn

Die nötigen Zutaten für deine Kochaktionen kannst du in Bonn jedenfalls ohne Probleme besorgen. Und wenn es mal etwas Besonderes sein soll, gibt es hier spezielle Geschäfte, die kulinarisch kaum einen Wunsch offen lassen. Also, wann zauberst du dir zu Hause selbst deine Sushi-Rollen?

Das erste Rezept, um dich in Bonn schnell heimisch zu fühlen, findest du auf der nächsten Seite, es ist narrensicher und noch dazu typisch rheinländisch. Du meinst, du kannst nicht kochen? Zumindest einen „Halven Hahn" bekommst du (auch als Vegetarier) spielend selbst hin, wetten? --> Was das ist, erfährst du in der Vokabelliste im Kapitel „Sprachregeln", S. 248

Und falls das wirklich alles zu viel des Guten ist und du gänzlich kochtalentfrei oder auch einfach nur mal zu faul bist, gibt es ja immer noch den guten alten Lieferservice, der dich mit leckerem Essen versorgt!

Rheinischer Döppekooche

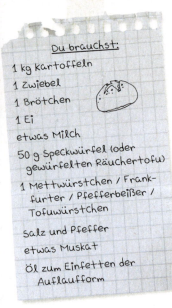

Du brauchst:

1 kg Kartoffeln

1 Zwiebel

1 Brötchen

1 Ei

etwas Milch

50 g Speckwürfel (oder gewürfelten Räuchertofu)

1 Mettwürstchen / Frankfurter / Pfefferbeißer / Tofuwürstchen

Salz und Pfeffer

etwas Muskat

Öl zum Einfetten der Auflaufform

1. Kartoffeln schälen und reiben.

2. Zwiebeln schälen und in kleine Würfel hacken. Achtung: Tränengefahr!

3. Das Brötchen in Milch einweichen.

4. Das Würstchen oder Tofuwürstchen in kleine Stückchen schneiden.

5. Alle Zutaten mischen, auch das Ei und die Speck- bzw. Tofuwürfel nun hinzugeben. Mit Pfeffer, Salz und Muskat abschmecken und alles noch mal gut vermengen.

6. In eine gefettete Auflaufform geben und ab in den Ofen bei 200 °C für 60 Minuten.

Alles bio

Auch Bonn hat die Biowelle erfasst. Vor allem in Bonn-Beuel bist du optimal mit Geschäften versorgt, die Bioprodukte anbieten. Neben verschiedenen Bioläden gibt es hier ebenfalls Biometzger und Biobackwaren. In der Innenstadt ist die Auswahl inzwischen ebenfalls recht ansehnlich. Ein Highlight lohnt es sich aber besonders hervorzuheben:

In Bonn gibt es neben dem täglichen (außer sonntags, versteht sich) Wochenmarkt im Zentrum einen zusätzlichen **Ökomarkt** und das sogar zweimal in der Woche! Jetzt willst du natürlich auch wissen, wann und wo du deine Biokarotten kaufen kannst: Der Ökomarkt findet mittwochs und samstags von 8.00 Uhr bis 14.00 Uhr am Martinsplatz statt. Dort bekommst du neben Obst und Gemüse

noch mehr Märkte ab S. 82!

auch Brot, Fleisch und Käse. Ist gerade nicht Marktzeit, kannst du die ökologisch korrekt erzeugten Produkte deiner Wahl auch bei einem der zahlreichen Bioläden, -metzger und -bäcker erstehen.

Biosupermärkte

Alnatura (Friedrich-Breuer-Str. 80, Quantiusstr. 23) bietet an beiden Standorten eine große Auswahl an Biolebensmitteln. Auf der Homepage findest du wöchentlich wechselnde Aktionsangebote und viele leckere Rezeptvorschläge. www.alnatura.de --> Filialen --> Bonn

denn's Biomarkt (Kölnstr. 9–11) hat ein breites Sortiment an Biolebensmitteln und ebenfalls eine gute Auswahl an Naturkosmetik vorrätig. Toll für Studenten: Gegen Vorlage des gültigen Studentenausweises erhältst du immer mittwochs 6 % Rabatt auf deinen Einkauf. www.denns-biomarkt.de --> Standorte --> Mein denn's Biomarkt --> Nach Standort --> Bonn

basic (Gangolfstr. 2–4) wartet in Hauptbahnhofsnähe ebenfalls mit einem reichhaltigen Sortiment auf, das über Lebensmittel hinausgeht und Naturkosmetik und Produkte für Allergiker mit einschließt. www.basicbio.de --> Märkte --> Bonn

Kleinere Bioläden

Den **Bioladen Momo** (Hans-Böckler-Str. 1) gibt es seit 1983 in Bonn-Beuel, er ist somit ein Bioladen der ersten Stunde. Mit rheinischem Charme, tollem Service und einem gut ausgewählten Sortiment behauptet er sich bis heute erfolgreich gegen die großen Ketten. Du kannst dich von den Momos auf Wunsch auch beliefern lassen. www.momonaturkost.de

Bei **Naturkost Sonnenblume** (Hausdorffstr. 158) in Kessenich gibt es viele Produkte für Veganer, jeden Tag frische Backwaren, besonders leckere Dinkel Bobbes, Biogemüse und -obst, eine Käsetheke und eine Auswahl an Naturkosmetik. www.bio-sonnenblume.de

Noch ein Bonner Kind ist **Bergfeld's Biomarkt** (Alte Bahnhofstr. 20, Clemens-August-Str. 40, Stockenstr. 15–17), der in mittlerweile drei Läden im Stadtgebiet mit vielfältiger Auswahl und einem angenehmen Einkaufs-Ambiente punktet. www.bergfelds.de

Im **Biofrischemarkt Himmel und Erde** (Königswinterer Str. 708–710) sind Gemüse, Käse, Wein, Biofleisch, Biowurstwaren und Fisch nur ein kleiner Teil des breitgefächerten Angebots.
www.himmel-und-erde-naturkost.de

Lieblings-Biobäcker
Bergfeld's Gutes Brot (Wenzelgasse 7)

Biometzger für ökologische Tierhaltung

Metzgerei Merzbach (Meckenheimer Str. 3) www.metzgerei-merzbach.de

Bio-Metzger Huth im Bioladen Momo (Hans-Böckler-Str. 1)

Frei nach dem Motto „Kommt nicht in die Tüte" gibt es bei **Freikost Deinet** (Rochusstr. 266) Waren ohne unnötige Einweg-Verpackungen. Also pack deine Tupperdosen, Müsligläser und Jutebeutel ein und fühl dich wie damals im Krämerladen! Die Produkte stammen natürlich allesamt aus ökologischer Erzeugung.
www.freikost.de

Marktbesuch

Eine Übersicht über alle Wochenmärkte in Bonn findest du auf unserem „Marktstand", S. 82–83.

Der tägliche Wochenmarkt stellt eine unerschöpfliche Quelle an Naturalien in Bonn dar. Dort gibt es eine sehr große Auswahl an frischem Gemüse, Eiern, Käse, Fisch, Backwaren, Blumen und Wurstwaren. Hinzu kommen ganz besondere Leckereien, wie spanische und mallorquinische Spezialitäten, Delikatessen vom Mittelmeer, frisch gepresste Säfte und Spezialitäten aus Tirol. Manchmal ist der Imker mit frischem Honig, Met und anderen Erzeugnissen seiner fleißigen Bienchen auch da. Die gestreiften Tiere bringt er im Übrigen ebenfalls ab und an mit zum Markt.

Damit der Einkauf nicht zu ermüdend wird, empfehlen wir dir dringend, dich an unserem Lieblings-Essensstand **Nisha's Wokmobil** zu stärken. Frau Nishanthi Perera hat sich mit dieser kleinen, fahrenden Küche einen Traum erfüllt und bietet leckere Gerichte – natürlich frisch aus dem Wok – an. www.nishas-wokmobil.de

--> mehr zum Wok-Mobil unter „Asiatisch" auf S. 89

Gemüse frisch vom Hof & im Abo

Wenn es dir zu anstrengend ist, deine frischen Lebensmittel auf dem Markt zusammenzusammeln, kannst du dir das Gemüse auch direkt nach Hause liefern lassen. Warum also neben dem Zeitschriften-Abo nicht auch ein Gemüse-Abo wagen? Oder zur Abwechslung direkt beim Erzeuger im Hofladen vorbeischauen?

Die **Obstplantagen Krämer** (Bonner Str. 1, 53340 Meckenheim) liefern unterschiedliche Biokisten mit Obst und Gemüse frisch vom Hof sowie allerlei andere Bioprodukte. Sehr praktisch ist der „Allergiefilter". Hier kann man online angeben, wogegen man allergisch ist und entsprechend landen nur noch Produkte ohne die allergieauslösenden Inhaltsstoffe in deinem Warenkorb. Auch ein kleiner Ausflug zum Hofladen ins etwa 15 km entfernte Meckenheim lohnt sich. www.biokraemer.de www.biokiste24.de

Bonn endlich endlich endlich Bonn dlich

Wochenm

Bad Godesberg
Moltkeplatz
Di & Do 8.00–13.00 Uhr
Sa 8.00–14.00 Uhr

**Bad Godesberg
– Der Ökomarkt**
Moltkeplatz
Fr 8.00–14.00 Uhr

Bonn Zentrum
Markt
Mo–Fr 8.00–18.30 Uhr
Sa 8.00–16.00 Uhr

**Bonn Zentrum
– Der Ökomarkt**
Martinsplatz
Mi & Sa 8.00–14.00 Uhr

ärkte *endlich*

Mehlem
Mainzer Str.
Mi, Fr & Sa
8.00–18.30 Uhr

Duisdorf
Am Schickshof
Di, Fr & Sa
8.00–13.00 Uhr

Beuel
Hermannstr.
Mi & Fr 8.00–18.30 Uhr

Beuel
Friedrich–Breuer–Str.
(vor dem Rathaus)
Sa 8.00–14.00 Uhr

Brüser Berg
Borsigallee
Mi & Sa 8.00–13.00 Uhr

Bonn   endlich   *endlich*

endlich   Bonn

Die Bioland-Gärtnerei **Der Leyenhof** (Im Bachele 1b) bietet dir einen ähnlichen Service an. Du kannst nach Belieben selbst mixen oder ein vom Hof zusammengestelltes Obst- und Gemüsepaket ordern. Auch hier runden Käse, Wein, Wurstwaren, Fleisch, Brot, Aufstriche und vieles mehr das Angebot ab. Abgesehen von der praktischen Lieferung der frischen Zutaten bis vor die Haustür ist aber ebenfalls immer das Stöbern im großzügigen Hofladen zu empfehlen. www.derleyenhof.de

Im Laden der **Terra Farm** (Frankengraben 10) werden frische und regionale Lebensmittel aus bäuerlichen Familienbetrieben verkauft und fürs angeschlossene Bistro köstliche Kuchen, Suppen und andere Snacks daraus zubereitet – oder du nutzt auch hier den Lieferservice und lässt dir deine Einkäufe auf Anfrage bringen. www.terrafarm.de

Besondere Einkaufstipps

Asiatisch

Du möchtest mal so richtig Eindruck schinden und Sushi selbst rollen? Nur weißt du nicht, wie du an die vielen exotischen Zutaten kommst? Dann wirst du ganz bestimmt im **Asia-Markt Jin Long** (Budapester Str. 13) fündig. Neben Sojasoße bekommst du hier Wasabi-Paste, Nori-Blätter und den nötigen Sushi-Reis. Auch Matten, um die Rollen in die richtige Form zu bringen und Stäbchen, um die Dinger fachmännisch zu verspeisen, findest du dort.

Ebenfalls empfehlenswert für asiatisches Kochvergnügen jeglicher Art ist der **Thai-Viet Asia Markt** (Kölnstr. 121). Hier kannst du neben Fisch und frischem Gemüse in den Regalen auch nach allerlei anderen Köstlichkeiten aus Fernost stöbern und wirst dabei mit Sicherheit jedes Mal etwas interessantes Neues entdecken.

Mediterran

Oder bist du eher ein kulinarischer Südeuropäer? Wer sich den Geschmack von Sonne und Amore nach Hause in den Topf holen möchte, wird bei **Italia Import Perrone** (Justus-von-Liebig-Str. 5) nicht enttäuscht. Hier kannst du alles kaufen, was du für einen echt italienischen Kochabend brauchst. www.italia-import.de

Im den beiden Filialen von **Südländische Spezialitäten** (Friedrichstr. 55 & Endenicher Str. 120–140, an der Feinkostmeile am Knauber in Endenich) gibt es alles, was der Süden Europas an Delikatessen zu bieten hat. Wer hier seinen Käse, Schinken und Wein kauft, muss allerdings etwas tiefer in die Tasche greifen. Dafür ist die Qualität auch wirklich spitze.
www.suedlaendische-spezialitaeten.de

Türkisch-Orientalisch

Im **Ümit Market** (Kölnstr. 129) gibt es frisches Gemüse, Fleisch, Fladenbrot und alles, was ein türkischer Supermarkt eben noch so zu bieten hat. Ein absolutes Highlight ist die riesige Theke mit Bergen von eingelegten Oliven und anderen Meze, die dir das Wasser im Mund zusammenlaufen lassen.

Bonn endlich endlich endlich Bonn

Im **Maroc Shop** (Franzstr. 24–26) kannst du frischen Fisch sowie Rind- und Lammfleisch aus der eigenen Fleischerei kaufen. Außerdem bekommst du hier haufenweise marokkanische und andere arabische Spezialitäten.

Feinkost & Fisch

Liköre, Essig, Öl und alles vom Fass bekommt man beim **Flaschengeist** (Dreieck 18). Hier kannst du auch edles Fleur de Sel, viele weitere Gewürze, Feinkost und Geschenke erstehen.
www.flaschengeist.de

Wer ganz frischen Fisch, z.B. für Sushi benötigt, sollte bei **Fisch Meyer** (Clemens-August-Str. 49; Bornheimer Str. 162, im Edeka Mohr; Drachenburgstr. 14, im HIT Markt) vorbeischauen. Im traditionsreichsten Fischfachgeschäft Bonns wirst du zum einen gut beraten und zum anderen bietet man dir an der Theke wirklich frische Ware in Top-Qualität. www.fischmeyer.de

Schokoladiges & Süßes

„Und was gibt es als Nachtisch?", wirst du dich jetzt fragen. Bei **Fassbender** (Sternstr. 55) findest du Leckereien, die den süßen Zahn erfreuen: Schokolade, feine Trüffel, Pralinen und andere süße Delikatessen, die allesamt auch zum Verschenken etwas hermachen.
www.fassbender.de

Wer von der Nascherei nicht genug bekommt, ist in Bonn übrigens genau richtig! Denn hier gibt es den **HARIBO-Fabrikverkauf** (Friesdorfer Str. 121), in dem du riesige Mengen an Süßigkeiten, auch

Bruchware, kaufen kannst. Ende 2013 wurde in der Bonner Innenstadt zudem der weltweit erste **HARBIO Store** (Am Neutor 3) eröffnet. Wie auch beim Fabrikverkauf, gibt es hier eine Pick&Mix-Bar,
an der du dir deine Lieblings-Gummitier-Kombination selber
zusammenstellen kannst. www.haribo.com --> Shops

Lass es dir bringen!

Frei nach dem Motto „Einmal um die Welt und zurück" kommen
einem in Bonn häufig Lieferservices unter, die gleich drei bis vier
Länderküchen miteinander verknüpfen. Ob du allerdings einem Piz-
zabäcker vertraust, der nebenher fleißig indische Curry-Gerichte
zusammenrührt, chinesische Frühlingsrollen rollt und obendrein
fähig ist, Chili con Carne aufzutischen, musst du selbst entscheiden.
Es gibt allerdings auch noch einige Lieferdienste, die sich auf nahezu eine Sache konzentrieren und die dir eventuell genau deswegen
gefallen.

Leckere Pizza auf Rädern bekommst du bei **Hallo Pizza**. Hier kannst
du dich vom Klassiker Pizza Hawaii bis zu ungewöhnlicheren Kom-
bis wie Pizza mit Bratkartoffeln und Bacon durchprobieren. Außerdem darfst du natürlich auch deine ganz persönliche Wunschpizza
zusammenstellen – das ist ja fast wie selbst gebacken.
www.hallopizza.de

Du möchtest heute lieber griechisches Essen bestellen? Dann probier den **Athena Grill** aus. Neben der landestypischen Küche Grie-
chenlands mit Gyros und Tsatsiki gibt es hier Pizza auf Bestellung.
www.athena-grill.de

Eine Fusion der chinesischen und, wer hätte das gedacht, der itali-
nischen Küche findest du beim **China-Express**. Auch hier direkt
online bestellbar: www.chinaexpress-bonn.de

Hunger? Hunger?

Essen unterwegs

Restaurant Fast Food

Döner

Speisekarte Pizza

sekarte

Fast Food

Restaura

Döner

Schnell & auf die Hand

Ob du nun gerade deinen Traumschuhen hinterherjagst, Bonns Sehenswürdigkeiten unsicher machst oder Termine in der Stadt hast – meist spürst du das Riesenloch im Magen genau dann, wenn du gerade weit weg vom heimischen Herd bist. Zum Glück hat Bonn auch in Sachen Gastronomie einiges zu bieten und so bekommst du an fast jeder Ecke etwas Schnelles und Leckeres, das den hungrigen Magen zu besänftigen weiß. Hier ein paar handverlesene Adressen einiger kulinarischer Fresstempel der Stadt.

Asiatisch

Bei **Mandu** (Franziskanerstr. 5) kommen unter dem Motto „gesundes Fast Food, low fat" koreanische Spezialitäten frisch auf den Tisch. Der Laden ist nicht nur bei koreanischen Mitbürgern sehr beliebt. Neben Kimchi bekommst du hier koreanisches Sushi, Maultaschen oder gleich ein ganzes Menü. Mandu liegt direkt am Uni-Hauptgebäude und ist definitiv einen Abstecher wert.

Alles aus dem Wok bekommst du beim **Asia Wok 2** (Weberstr. 28). Dort gibt es große Portionen zu kleinen Preisen und lecker ist es obendrein. Was will man mehr? www.asiawok-bonn.de

Direkt auf dem Marktplatz triffst du auf **Nisha's Wokmobil**. Neben Hähnchen-Curry kann man dort Gerichte mit Pute, Schwein und Lamm essen. Auch für Vegetarier ist mit „Nisha's Green Curry" gesorgt. Wenn es dir nicht scharf genug ist: Auf Wunsch wird ordentlich gewürzt. www.nishas-wokmobil.de

Currywurst, Pommes & Co

Das goldene „M" und das dicke „B" kennt jeder und du triffst sie natürlich in allen größeren Städten an. In Bonn gibt es selbstverständlich auch gleich mehrere Filialen. Wenn du allerdings zur

Bonn dlich endlich endlich Bonn

Abwechslung mal hausgemachte Burger und Pommes essen möchtest, kommst du in Bonn an der **Frittebud** (Franzstr. 43) nicht vorbei. www.frittebud.com --> mehr in „Nächtlicher Heißhunger", S. 168

Ein alter Hase im Pommes-Geschäft ist Addi mit seinem **Lenné-Snack** (Lennéstr. 57). Addi hat alles, was das Imbiss-Liebhaber-Herz begehrt. Vom Burger über Schnitzel bis hin zu Gyros. Addi ist in Bonn bekannt wie ein bunter Hund, denn seinen Imbiss gibt es schon seit 1972. www.lenne-snack.de

Wenn dich beim Bummeln über den Markt der Hunger überkommt, gehst du am besten direkt bei **Engel Teufel** am Bonner Marktplatz vorbei. Hier gibt's die Currysoße zu Wurst, Pommes und Co. in den unterschiedlichsten Schärfegraden – von himmlisch mild bis höllisch scharf. www.engelteufel.de

Zum Auslöffeln

Im Winter eignet sie sich gut zum Aufwärmen und auch für zwischendurch ist eine Suppe eine meist leichte und leckere Sache. Da werden manchmal sogar Erinnerungen an Mutters Eintopf oder Omas Gulaschsuppe wach. Viel Spaß beim Auslöffeln!

In der von der Caritas geführten **KostBar** (Riesstr. 2a) finden arbeitslose Menschen Beschäftigung. Unweit des Juridicums und somit auch nicht weit vom Uni-Hauptgebäude, gibt es hier häufig wechselnde Suppen und Eintöpfe, viele davon vegetarisch, und das alles zu günstigen Preisen.

Die **Ichiban Noodlebar** (Brüdergasse 9) bietet neben traditionellen japanischen Nudelsuppen auch andere japanische Köstlichkeiten wie Gyoza, Algensalat gebratene Nudeln oder Reisgerichte an. www.ichiban-noodlebar.de

Suppenauszeit im Grünen gefällig? Freitags und samstags bekommst du am Bistrowagen auf dem **Leyenhof** (Im Bachele 1b) wöchentlich wechselnde Suppen, aber auch selbstgemachte Tartes und Kuchen. Alles bio versteht sich! Sitzen kannst du draußen direkt neben langen Blumenbeeten und Gewächshäusern. Zwischendurch kräht der Hahn, du kannst Hasen streicheln oder dir Lesestoff aus dem Bücherhäuschen holen. www.dederleyenhof.de

Alles im Brot

Nicht alles, was in einer Döner-Tasche verschwindet, ist lecker. Damit du zu deinem Traum-Döner gelangst, musst du einige Test-Essen riskieren, denn die Geschmäcker sind mindestens so verschieden wie die Dönerbuden. Doch auch ein gut belegtes Sandwich oder Baguette ist für den schnellen Hunger zwischendurch manchmal genau das Richtige. Ein kleines Potpourri an Vorschlägen:

Von Landsmännern empfohlen wird das Schnellrestaurant **Serhat** (Bertha-von-Suttner-Platz 11). Hier gibt es Leckereien direkt vom Holzkohlegrill. Aber natürlich auch einen schnellen Döner oder ein Falafel-Sandwich auf die Hand. www.facebook.com --> Serhat

Das **Döner-House** (Heerstr. 119/Ecke Maxstr.) in der Altstadt hat einen netten Biergarten und ist der wohl musikalischste Dönerladen Bonns, denn hier gibt es freitags zu Lahmacun, Döner und Co. Live-musik. www.bonn-altstadtgastronomie.de --> Döner House

Im **Iss dich glücklich** (Franziskanerstr. 9), direkt am Uni-Hauptgebäude, gibt es neben Sandwiches aus selbstgemachtem Fladenbrot und üppig gefüllten Wraps auch Salate, Suppen und herrliche persische Gerichte. www.issdichglücklich-bonn.de

Wenn du statt Fladenbrot lieber mal ein französisches Baguette auf die Hand möchtest, hast du bei **Bonn(e) Baguette** (Kaiserplatz 10) zwischen unterschiedlichen Baguettesorten, Belägen und leckeren Soßen die Qual der Wahl.

Bonn endlich
endlich endlich
dlich Bonn

Mittagspause: Mensa, Kantine oder Mittagstisch?

Vor allem zur Mittagszeit ist der Tisch in Bonn reich gedeckt. Du musst dich nur noch zwischen Hochschulmensen, Kantinen oder dem Mittagstisch im Restaurant um die Ecke entscheiden können. Hier ein paar kleine Entscheidungshilfen:

Mensa

Die Uni hält nicht nur für hungrige Studenten eine warme Mahlzeit bereit, auch nicht studierende Gäste sind willkommen. Für die ist das Essen zwar ein bisschen teurer, aber dennoch erschwinglich. Du kannst dir ein Tellergericht aussuchen, aus verschiedenen Komponenten dein eigenes Menü zusammenstellen, den günstigen Eintopf wählen, die Salatbar plündern oder eines der wechselnden Aktionsessen auswählen. Das geht im Bonner Stadtgebiet an gleich mehreren Orten:

Mensa Nassestraße (Nassestr. 11): in der Nähe des Juridicums, die größte Mensa der Uni Bonn mit dem breitesten Angebot.

Mensa Poppelsdorf (Endenicher Allee 19): Die Mensa Poppelsdorf erstrahlt frisch saniert seit 2017 in neuem Glanz – das färbt natürlich auch auf die Präsentation der Großküchen-Speisen ab. Oder schmeckt es hier wirklich besser als am Venusberg oder in der Nassestraße? Wie wäre es mit einem Selbstversuch?

Venusberg Bistro (Sigmund-Freud-Str. 25): Auf dem Gelände der Uniklinik lassen es sich nicht nur angehende Ärzte, sondern auch gerne mal Besucher und Patienten schmecken.

Was gibt's heute wo zu essen? Die aktuellen Speisepläne und sonstige aktuelle Infos rund um deine Mensa findest du hier:
www.studentenwerk-bonn.de --> Gastronomie
--> Mensen/Bistros/Cafés

Kantinen

Doch nicht nur in den Uni- und FH-Mensen kann man Mittag essen. Einige beliebte Kantinen, die ihre Pforten auch Nicht-Mitarbeitern öffnen, wollen wir dir noch vorstellen:

Der öffentlich-rechtliche Rundfunksender **Deutsche Welle** (Kurt-Schumacher-Str. 3) heißt in seiner Kantine auch Gäste willkommen (sofern sie eine Gäste-Karte kaufen). Einen Katzensprung vom Rhein entfernt, zwischen dem Langen Eugen und dem Posttower, liegt das Gebäude der Deutschen Welle. Die Kantine wird über die Grenzen Bonns hinaus hoch gelobt und ist definitiv einen Besuch wert.

Besonders schön ist es in der Kantine im **Volksbankhaus** (Heinemannstr. 15), wenn die Sonne durch die verglasten Seitenwände hineinscheint. Neben dem angenehmen Ambiente wird zudem auf regionale Zutaten und artgerechte Tierhaltung geachtet. Den Speiseplan kannst du dir online anschauen: www.bernd-knecht.de

--> Speiseplan
Volksbankhaus

Bonn endlich
endlich
endlich
Bonn

Die Kantine in der Zentrale der **Deutschen Telekom AG** (Friedrich-Ebert-Allee 140) ist ebenfalls öffentlich zugänglich. Das vielfältige Angebot hat für jeden Geschmack etwas zu bieten.

Im **Museum König** (Adenauerallee 160) gibt es ebenfalls eine Kantine, die auch für Gäste auftischt; im Sommer wird dort im Garten gegrillt.

Mittagstisch

Wenn du die Essensausgabe wie am Fließband nicht so gerne magst, sondern lieber ein entspanntes Mittagsmenü genießen willst, haben wir natürlich auch ein paar ganz heiße Tipps für dich!

Mit einem tollen Blick auf den Rhein kannst du dein Mittagessen im **Biergarten Alter Zoll** (Am Brassertufer) genießen, der traumhaft gelegen ist. Der einzige Nachteil: Dieses Angebot kannst du natürlich nur im Sommer und bei gutem Wetter wahrnehmen. Die Auswahl reicht von Pizza und Pasta bis zu Salat und die Preise sind moderat. Und nicht nur der traumhafte Ausblick macht die Mittagspause hier zu einem kleinen Kurzurlaub, auch die Pizza lohnt sich. www.alterzoll.de

Wer mal vegetarisch (oder auch vegan) schlemmen möchte, sollte im **Cassius Garten** (Maximilianstr. 28d) vorbeischauen. Das Essen kannst du dir selbst zusammenstellen und viele Zutaten stammen aus biologischem Anbau. Hinzu kommt eine wechselnde Wochenkarte mit einer Suppe und zwei Tagesgerichten. Das Restaurant zählt zwar nicht zur günstigsten Kategorie, aber die Qualität überzeugt: Man munkelt, dass sogar Nicht-Vegetarier ihre Mittagspause gerne im Cassius Garten verbringen. www.cassiusgarten.de

Wer die Spontaneität liebt, wird die **Nudelei** (Endenicher Str. 302) mögen. Es gibt keine Karte, sondern eine täglich wechselnde Auswahl an frisch zubereiteten Nudelgerichten mit selbst hergestellter

Pasta. Man empfängt dich herzlich und auch Sonderwünsche werden – wenn möglich – gerne umgesetzt.

British Breakfast zum Lunch? Im **Upper Crust** kann man echt gut englisch essen: Fish & Chips natürlich, aber auch Scones mit Clotted Cream und tatsächlich Full English Breakfast all day long. Einziges Manko: knappes Platzangebot. Bleibt nur ein kleiner Brexit ins Freie …

Internationale & rheinische Küche

Rheinisch & Gutbürgerlich

Em Höttche (Markt 4): Das Haus stammt aus dem Jahr 1389 und ist das älteste Gasthaus in der Stadt. Die Geschichte des Gasthauses kannst du praktischerweise an den Deckenbalken ablesen. Auch Beethoven soll hier schon gespeist haben. Wenn du also auf seinen Spuren wandeln willst, probier einfach mal die typisch rheinischen Gerichte. Aber Vorsicht: Die Bonner Kellner stehen in Punkto Brummeligkeit ihren Kölner Kollegen, den „Köbes", in nichts nach!
www.em-hoettche.de

Im **Restaurant Assenmacher** (Stiftsstr. 2) direkt an der Doppelkirche Schwarzrheindorf ist man auf jedes Wetter vorbereitet: Es gibt einen Innenbereich, einen Wintergarten und einen Biergarten. Das Essen wird aus sorgfältig ausgewählten Zutaten frisch zubereitet und schmeckt nach der Begeisterung des Kochs Oliver Weiß. Schier unendlich viele Ideen fließen in seine Gerichte mit ein, das

Bonn endlich
endlich
endlich
Bonn
dlich

ist gutbürgerliche Küche von klassisch bis modern, auch mal international und selbst für Vegetarier und Veganer! Zudem ist das Ehepaar Weiß so herzlich, dass man spätestens beim Nachtisch den nächsten Besuch plant. www.restaurant-assenmacher.de

Brauhaus Bönnsch (Sterntorbrücke 4): Neben rheinischem Essen und Aktionstagen kannst du hier original Bönnsch trinken und die dazugehörigen Souvenirs kaufen. Du willst wissen, wie das Bönnsch ins Glas kommt? Wenn du eine Gruppe von zehn Personen zusammenbekommst, kannst du dort auch eine Brauereiführung buchen. www.boennsch.de

Restaurant Sudhaus (Friedensplatz 10): Neben Bier bekommst du in der holzvertäfelten, gemütlichen Gaststube ebenfalls typisch rheinische Küche, von Kleinigkeiten wie dem „Halven Hahn" über „Himmel und Äd" mit Blutwurst, Apfelmus und Kartoffelbrei bis zum handfesten rheinischen Sauerbraten. www.sudhaus-bonn.de

Elsässisch

Zauberhaft eingerichtet ist das kleine Eckrestaurant **Mademoiselle Petite Cuisine** (Magdalenenstr. 19). Hier tauchst du ein in eine andere Welt und die grauen Straßen verschwinden für eine Weile. Es gibt Flammkuchen, Quiche, Crêpes und Fondue, alles frisch zubereitet und unglaublich lecker. www.mademoiselle-bonn.de

Italienisch

Das Klima in der Rheinbucht kann schon manchmal mediterrane Ausmaße annehmen. Damit dir auch in Bonn das dazugehörige

Urlaubsgefühl sicher ist, lass deinen Gaumen doch einfach von der Küche Italiens verwöhnen.

Tuscolo (Gerhard-von-Are-Str. 8, Kaiser-Karl-Ring 63): Die Pizza ist hier riesig und eine der besten und knusprigsten Bonns. Kein Wunder, dass die Menschenschlangen in beiden Tuscolo-Restaurants häufig lang sind. Unbedingt Tisch reservieren! www.tuscolo.de

Ristorante-Pizzeria Borsalino (Heerstr. 77): Kleines, gemütliches Restaurant in der Bonner Altstadt. Hier wird man freundlich bedient, kann lecker Pizza, Pasta und andere italienische Köstlichkeiten essen und zahlt dafür auch nicht die Welt.
www.borsalino-bonn.de

Piano-Restaurant Pelato (Endenicher Str. 282): Das Piano-Restaurant mit Live-Klaviermusik liegt auf der Kulturmeile Bonn Endenichs. Ein guter Ort für ein romantisches Abendessen mit moderner italienischer Küche und tollen Weinen! www.pelato-bonn.de

Die typisch italienisch anmutende Außenterrasse des **Ristorante Amigo** (Pützstr. 15) besteht aus einem kleinen gepflasterten Abschnitt, der direkt an die Rasenfläche vor der Pfarrkirche St. Nikolaus angrenzt. Von der Straße ist die Terrasse nur durch einige Blumenkübel und den Bürgersteig getrennt; beim leckeren Essen sitzt du also mitten im quirligen Herzen von Kessenich.

Das **Ristorante La Vita** (Kessenicher Str. 165) in Dottendorf ist so einladend, dass man sich sofort wie zu Hause fühlt. Das Essen schmeckt ausgezeichnet und schmunzeln darf man über die humorvollen Karikaturen in der Speisekarte: Liebevoll werden hier verschiedene Gäste-Typen aufs Korn genommen. www.ristorantelavita.de

Griechisch

Die griechische Küche wird in Bonn stiefmütterlich vernachlässigt. Aber zwei Perlen haben wir für dich aufgetrieben:

Bodega 2 (Am Burggraben 1): Hier handelt es sich nicht etwa um die Fortsetzung eines Kassenschlagers aus dem Kino, nein, hier kannst du die typisch griechische Küche in Bonn Endenich genießen. www.restaurant-bodega2.de

Delphi (Kapuzinerstr. 13): Ein Orakel steht dir bei der großen Auswahl an leckeren Speisen leider nicht zur Verfügung, das musst du schon selbst entscheiden. Es spricht ja aber nichts dagegen, immer wiederzukommen und sich einfach durch alle griechischen Spezialitäten durchzuprobieren. www.delphi-bonn.de

Spanisch

Der Spanier (Bornheimer Str. 76): Hier kannst du deinen Wein selbst aus dem Regal nehmen, denn Der Spanier ist Laden und Bistro zugleich. Anfangs wirkt es etwas skurril, mitten im Laden zu essen, aber: Es schmeckt. www.der-spanier.com

In das **Restaurant Casa Pepe** (Quirinstr. 21) gehen nicht nur die Dottendorfer gerne – eine Reservierung wird daher dringend empfohlen: Für die Augen gibt es eine gelungene Mischung aus den Attributen eines ehemals gutbürgerlichen Restaurants und charmanter spanischer Dekoration. Der Gaumen erfreut sich an einer Auswahl an schmackhaften Tapas, Fisch- und Fleischgerichten. www.casapepe-bonn.de

Die Spezialitäten im Restaurant **Sa Finca** (Obere Wilhelmstr. 22) lassen dir die Augen übergehen und entzücken deinen Magen: Die Dekoration ist detailverliebt und die Tapas schmecken. Aber auch die Hauptgerichte sind nicht von schlechten Eltern. Der Laden ist sehr beliebt, also unbedingt reservieren! www.safinca.com

Tibetisch

Im **Himalayak** (Bornheimer Str. 74) kann man live zuschauen, wie traditionelle, gefüllte Teigtaschen aus Tibet zubereitet werden. Sowohl Fleischesser als auch Vegetarier werden hier glücklich. www.himalayak.de

Brasilianisch

Ein Essen im **Limão** (Moltkestr. 64) ist immer ein Erlebnis. Wie Tapas kann man sich Speisen zusammenstellen und so verschiedenste Gaumenfreuden erleben. Lass dir dazu am besten einen der leckeren Cocktails mixen. www.limao.de

Äthiopisch

Roha Café & Restaurant (Oxfordstr. 18): Hier genießt du die äthiopische Küche ganz traditionell. Und das heißt: Gegessen wird ohne Besteck! Vor dem Essen bekommst du selbstredend die Möglichkeit, deine Hände zu reinigen. Wenn du dich einmal quer durchfuttern möchtest, kannst du auch mit mehreren Personen eine gemischte Platte bestellen. www.rohacafe.com

Indisch / Pakistanisch

Im **Mogul** (Heerstr. 64) kannst du dir die indisch-pakistanische Küche in familiärer Atmosphäre munden lassen. Die Bedienung ist sehr nett und das Essen schmeckt auch prima. www.restaurant-mogul-bonn.com

Taste of India („Nordindisch", Rheingasse 13; „Südindisch", Burbacher Str. 2 und „Nord & Süd" Wittelsbacher Ring 27): Ja, du hast richtig gelesen, du kannst dich vorher schon entscheiden, ob du lieber nord- oder südindisch speisen willst. Wer keinen klaren Favoriten hat, besucht das Taste of India Nord & Süd. Die Entscheidung wird einem aber auch nicht leicht gemacht, denn lecker ist alles – egal ob nord- oder südindisch. Gebürtige Inder bestätigen übrigens die Authentizität der Küche. www.tasteofindia.de

Orientalisch

Die Besonderheit in der **Karawane** (Adrianstr. 104): Die kulinarische Rundreise durch den Orient. Hierbei bekommst du Spezialitäten auf einem Teller zum Probieren und kannst dann nach der Verkostung drei davon nachbestellen. Die Portionen sind nun größer – sollte dein Hunger danach noch nicht gestillt sein, kannst du beliebig oft weiterbestellen. Dieses komplette Rundreisemenü kostet 17,50 Euro und kann auch rein vegetarisch serviert werden. www.karawane-oberkassel.de

Asiatisch

Die Bonner haben nicht nur Gefallen an den kleinen, liebevoll zubereiteten Sushi-Rollen gefunden, sondern auch an allerlei anderen asiatischen Schlemmereien.

so sieht's beim kugel-fisch in Beuel aus

Kugelfisch (Clemens-August-Str. 20–22 / Clemensstr. 10): Diese stylische Sushi-Bar mit originellem Namen und Logo bietet nicht nur was fürs Auge, auch das Sushi hier ist sehr gut. Wenn du selbst mal Sushi-Koch spielen willst, kannst du im Kugelfisch in Poppelsdorf auch Kochkurse belegen und so einiges lernen. www.kugelfisch-sushi.de

Ichiban Sushibar (Stockenstr. 14): Hier gibt es ebenfalls eine große Auswahl an qualitativ sehr hochwertigem Sushi. Während du das genießt, kannst du dem Meister sogar live beim Rollen der kleinen Leckereien zusehen. www.ichiban-sushibar.de

Ocean Paradise (Hans-Steger-Ufer 10): Das Schiff am Beueler Rheinufer wirkt auf den ersten Blick kurios. Doch auf den zweiten Blick wirst du erkennen, dass es sich um ein schwimmendes China-Restaurant handelt. Panorama-Fahrten sind dank neuer Vorschriften leider nicht mehr möglich, aber eine Geschmacksreise ins Reich der Mitte ist allemal mit drin. www.chinaschiff.de

Der **Makiman** (Sterntorbrücke 11 / Ermekeilstr. 28 / Goetheallee 68) expandiert fleißig und ist inzwischen dreimal mit unterschiedlichen Schwerpunkten in Bonn vertreten. Neben Sushi gibt es in der Innenstadt auch Bibimbap, ein köstliches Reisgericht wahlweise vegetarisch, mit Rind- oder Hühnerfleisch oder mit Meeresfrüchten, das im heißen Topf serviert wird. Noch nie frittiertes Eis probiert, aber immer schon neugierig darauf gewesen? Dann lass noch eine kleine Lücke für den Nachtisch! www.makiman.de

Nan King (Thomas-Mann-Str. 1): Neben traditioneller chinesischer Küche werden auch mongolische Köstlichkeiten angeboten. www.nanking-bonn.de

Irish Pub

Einer der besten Irish Pubs in Bonn ist der **Fiddlers Irish Pub** (Frongasse 9) in Endenich. Wenn du schon immer mal dein Gesangstalent unter Beweis stellen wolltest, ist dieser Pub genau der richtige Ort für dich. Hier gibt es neben irischem Bier und deftigem Essen nämlich regelmäßig Karaoke-Abende. www.fiddlers-bonn.com

Der **James Joyce Irish Pub** (Mauspfad 6–10) liegt direkt im Herzen der Bonner Innenstadt. Als gute Grundlage für deine Drinks kannst du dir hier während der täglichen Pizza Happy Hour von 17.00 bis 19.00 Uhr zum kleinen Preis schlemmen.
www.facebook.com --> James Joyce Irish Pub Bonn

Im **The Quiet Man** (Colmantstr. 47) gibt es einen kleinen, aber feinen Biergarten, in dem du Fish & Chips, Burger, Baked Potatoes und anderes typisches Pub-Food in schöner Umgebung verspeisen kannst. www.the-quiet-man.com

Burger-Restaurants

Trotz der etwas versteckten Lage hat sich die Existenz der **Burgermanufaktur am Frankenbad** (Vorgebirgs- str. 60) schnell herumge- sprochen. Das Konzept: hand- und hausgemachte Burger und selbstgerührte Soßen aus qualitativ hoch- wertigen Zutaten. Und du kannst deinem Burger in

der offenen Küche sogar beim Brutzeln zusehen. Damit's nicht langweilig wird, denkt sich die Burgermanufaktur jede Woche einen neuen Spezialburger aus. www.burgermanufaktur-bonn.de

Die **BONNANZA burger factory** (Clemens-August-Str. 23) punkt- tet mit kräftig Geschmack zwischen den Brötchen! Das besondere Highlight für Fleisch-Fans ist ohne Frage der Black Angus Burger. Es gibt aber auch einen vegetarischen und einen veganen Burger. Zudem gibt es Folienkartoffeln, Salate und auch weniger häufig gesehene Beilagen wie z.B. Datteln im Speckmantel.
www.bonnanza-burger.de

Der **Godesburger** (Moltkeplatz 2) ist ein inklusives Burger-Restaurant: Hier arbeiten Menschen mit und ohne Behinderung zusammen und bereiten für dich Burger nur aus den frischesten Zutaten zu. Schließlich hat der Godesburger eine Mission: „nicht irgendwelche, sondern bessere Burger" machen. Neben den Klassikern gibt's auch Ausgefallenes wie den „Preisel Bert" mit Camembert und Preiselbeersauce. www.godesburger.com

Komplett vegan

Das vegetarische und auch das vegane Angebot in den Bonner Bistros, Cafés, Restaurants und Kneipen nimmt immer mehr zu. Aber als Veganer ohne nachzudenken und nachzufragen einfach mal quer durch die Karte bestellen? Das kannst du ruhigen Gewissens in diesen komplett veganen Locations tun (und das schmeckt nicht nur Veganern).

Das vegane Café-Bistro **Black Veg** (Adolfstr. 43) in der Bonner Altstadt bietet nicht nur wunderbare vegane Kuchen, Torten und Cupcakes an, sondern immer auch wechselnde Suppen und warme Gerichte. Von Pastavariationen über Currys und Burger bis zum veganen Schnitzelbrötchen hat die freundliche Crew immer neue, kreative Einfälle. www.blackveg.de

Echt bayerische Spezialitäten in Bonn und dazu noch vegan interpretiert? Kreizkruzefix, himmeherrgott, sakramt, san die narrisch!? Im Gegenteil: besser als das Original! Im **Restaurant Kaiserhüttn** (Wilhelmsplatz Ecke Kölnstr. 65) gibt's drauf zu außerdem noch echtes Hüttenambiente. Also an Guadn! www.kaiserhuettn.com

Bonn endlich endlich Bonn

Studentenkneipen

Das **Café Blau** (Franziskanerstr. 9) liegt direkt am Uni-Hauptgebäude und fällt durch seinen Retro-Look in – Obacht! – blau auf. Neben Frühstück, Salaten und Suppen kannst du hier ab Freitagmittag das ganze Wochenende frischen, selbst gebackenen Kuchen schlemmen. Besondere Empfehlungen: Kartoffelgratin und Kaiserschmarrn! www.cafeblaubonn.de

Das **Pawlow** (Heerstr. 64) in der Bonner Altstadt ist für die alternative und studentische Szene eine Institution. Hier bist du zu jeder Tageszeit richtig, egal ob zum späten Frühstück, das du dir auch selbst zusammenstellen kannst, oder zum Bierchen am Abend.

Das **Mojito** (Königstr. 9) gehört zu den beliebtesten Studentenkneipen in der Bonner Südstadt. Hier bekommst du neben Mojito und anderen Cocktails nämlich auch was zwischen die Zähne: leckere Tapas, Pizza, Salate, Suppen und Antipasti. www.mojito-bonn.de

Seit 1976 gibt es das **Pendel** (Friedensplatz 12) schon. Kurzzeitig hatte es seine Pforten geschlossen, wurde aber zum Glück an einer neuen Stelle wieder eröffnet: Mit einmaliger Bistro-Atmosphäre und großartigen „Big Burgers". www.cafe-bistro-pendel.de

Wenn es mal was Besonderes sein soll

Ein Essen im **Le Petit Poisson** (Wilhelmstr. 23a) gehört in die gehobene Klasse und dementsprechend gefüllt sollte deine Geldbörse sein. Aber es lohnt sich: Die Schlemmereien – und dazu zählt nicht nur Fisch – sind wirklich ausgezeichnet! www.lepetitpoisson.de

Ebenfalls zur gehobenen Küche gehört das Restaurant **Strandhaus** (Georgstr. 28). Wie der Name schon andeutet, ist das Ambiente maritim und verbindet Urlaubsgefühle und gutes Essen. www.strandhaus-bonn.de

Die prämierte Küche des Restaurants **Oliveto** befindet sich im Ameron Hotel Königshof Bonn (Adenauerallee 9). Mit tollem Blick auf den Rhein hast du die Möglichkeit, kreative, italienische Gerichte auf höchstem Niveau zu goutieren. www.hotel-koenigshof-bonn.de

--> Oliveto

Das **Redüttchen Weinbar und Restaurant** (Kurfürstenallee 1) ist ein absoluter Wohlfühlort mit hochklassigem Essen. Ob auf der romantischen Sonnenterasse oder im gemütlich-ansprechenden Innenraum – man möchte einfach nicht wieder weg. Und man muss es auch nicht, denn vom 3- bis zum 6-Gänge-Menü ist alles möglich. Und allerfeinst obendrein. www.reduettchen.de

Ein wahrer Feinschmecker-Tempel ist **Halbedel's Gasthaus** (Rheinallee 47) in einer Jugendstil-Villa in Bad Godesberg. Hier kocht der Chef de Cuisine, Rainer-Maria Halbedel, höchstpersönlich – und viele Zutaten kommen sogar aus der eigenen Landwirtschaft. Die Atmosphäre ist äußerst schick und auch hier gilt: Du solltest ordentlich Taler im Geldbeutel haben. www.halbedels-gasthaus.de

Exklusiv ja, aber bitte nur Kleinigkeiten? Kein Problem in **Konrad's Skybar** (Platz der Vereinten Nationen 4). Einfach die tolle Aussicht über Bonn und Umland genießen und sich dabei Bönnsche Snacks schmecken lassen. www.wccbhotel.com/konrads-bar.html

Bonn endlich endlich endlich Bonn

Kaffee
endlich
Cappuccino

Durst?
Durst?
Durst?
Durst?
Bier
Bier
Bier
Bier
Wein
Wein
Kaffee
Bier
Cappuccino
Kaffee
Wein
Bier

Trinken ist nicht nur Mittel zum Zweck, es kann auch ein wahrer Genuss sein, vorausgesetzt, man kennt die richtigen Anlaufstellen. Damit die Suche nach deinem Stammlokal etwas kürzer ausfällt, haben wir für dich eine kleine Vorauswahl der gemütlichsten Cafés und urigsten Kneipen getroffen. Egal, ob der schnelle Coffee-to-go, das Bier in netter Runde oder der Cocktail als Auftakt einer langen Nacht.

Kaffeehauskultur

Bonn hat auffallend viele Cafés. Überall in der Stadt sitzen die Menschen draußen, teilweise auch noch bei kühleren Temperaturen. Einige Cafés bieten Decken für diejenigen an, die den Sommer einfach nicht gehen lassen wollen. Darin eingehüllt sieht man sie dann, wie sie sich trotz frostiger Nase draußen pudelwohl fühlen und sich die Hände an der heißen Tee- oder Kaffeetasse wärmen. Die folgende kleine Auswahl an Cafés soll dich inspirieren. Begib dich auf Entdeckungsreise und küre deine persönlichen Favoriten!

Eines fällt dem aufmerksamen Beobachter der Bonner Café-Szene gleich auf: In den letzten Jahren haben sich immer mehr kleine, individuelle Cafés angesiedelt. Liebevoll eingerichtet und ausstaffiert buhlen sie um Gäste, die auf der Suche nach dem Besonderen sind und gerne Neues ausprobieren. Inzwischen ist Kreativität im Café-Bereich keine Berliner Besonderheit mehr, die Bonner ziehen fleißig nach!

Eine weitere relativ neue Entwicklung ist der Trend zu veganen Angeboten. So gibt es in Bonn bereits rein vegane Cafés wie das **Black Veg**. Spezielle Angebote für Veganer findest du aber z. B. auch im Café **Madame Negla**. --> s. S. 114

--> Siehe auch „komplett vegan" im Kapitel „Hunger?", S. 103

Den Bonner Gastronomen ist auch nicht entgangen, dass einige Menschen diverse Lebensmittelunverträglichkeiten haben. Auch für sie gibt es immer mehr Auswahl in Cafés, Bistros und Restaurants (**Mayras Wohnzimmer-Café** hat z. B. ein gluten- und laktosefreies Frühstück im Angebot). --> s. S. 114

Im **Antiquarius – Antiquariat und Café** (Bonner Talweg 14) in der Südstadt kannst du einen leckeren Tee trinken und gleichzeitig im Buchbestand herumstöbern. Auch Kaffeeliebhaber finden hier alles, was ihr Herz begehrt. Oder du genehmigst dir am Abend zur Lektüre ein Glas Wein. Wenn du es ruhiger magst, ziehst du dich am besten nach hinten auf ein Sofa zurück. Du kannst aber auch vorne auf der Fensterbank mit Blick auf eine belebte Straßenecke Platz nehmen! Tipp: Immer wieder finden im Antiquarius Konzerte und andere Veranstaltungen statt. www.buch-antiquarius.de

Das **apfelkind** (Argelanderstr. 48) in der Südstadt bietet neben seinen leckeren Waffeln auch Platz für Kreative: Im Projektraum kann man Coworken, Businessmeetings oder kleine Feiern abhalten. www.apfel-kind.de

Mit frischen Blumen in dicken Sträußen auf dem Fenstersims und freundlicher Bedienung wartet die geschmackvoll eingerichtete **Black Coffee Pharmacy** (Bonner Talweg 46b) in der Südstadt auf ihre Gäste. Möchte man das Treiben auf der Straße verfogen, setzt man sich gemütlich auf die mit dicken

Probier mal ein „Schnuckelchen" in der Black Coffee Pharmacy. Das ist ein Schlemmertraum aus Vanille-Eiscreme, übergossen mit einem heißen Espresso.

Da der Rheinländer sich an lustigen Begriffen erfreut, gibt es hier neben dem „Schnuckelchen" einen doppelten Espresso auf Eiswürfeln mit kalter Milch und Aroma, der als „Dopple Gedö(h)ns" bezeichnet wird. Folgt man der besonderen Empfehlung der Barista, wird man mit einem erfrischenden Wachmacher belohnt.

Kissen bestückten breiten Fensterbretter und bei wärmeren Temperaturen macht man es sich einfach auf den Bänken draußen am Bürgersteig bequem. Zum Getränk genießt man selbstgemachte Torta della Nonna oder eine der zahlreichen anderen Leckereien. Eine zweite Filiale findest du in Rüngsdorf (Konstantinstr. 2). www.black-coffee-pharmacy.com

Im **Black Veg** (Adolfstr. 43) in der Altstadt wird der Kaffee in der French Press serviert, es gibt frisch gepressten Saft, Salate, Panini, wechselnde Tagesgerichte und süßes Backwerk. Man sitzt in hübscher Atmosphäre mit Blick auf den Vorplatz zum Frankenbad, wo es immer etwas zu beobachten gibt: Basketball spielende Jugendliche, Eltern mit ihren Kindern, Flaneure, Kaffeefreunde in ihrer Mittagspause ... www.blackveg.de

Tagsüber einen Kaffee, abends ein Bier. Mit moderaten Preisen lockt das **Café Blau** (Franziskanerstr. 9), etwas versteckt hinter dem Uni-Hauptgebäude und nahe dem Koblenzer Tor in der Innenstadt. Das Blau ist so beliebt, dass man öfter mal keinen Platz mehr findet. Der Milchkaffee ist lecker und riesig und der ursprünglich typische Chlorgeruch ist zusammen mit dem angrenzenden Viktoriabad verschwunden. www.cafeblaubonn.de

Bei der ansehnlichen Auswahl an Teesorten im **Café Blüte** (Heerstr. 61) in der Altstadt hätten auch Alice und sämtliche Gäste der verrückten Tee-Party hier ihren Lieblingstee gefunden. www.cafeblüte.de

Rosa Tischdeckchen, rosa Tapeten und rosa Stuhlbezüge: Im **Café Breuer** (Königswinterer Str. 697) in Bonn-Oberkassel kommt es einem so vor, als würde man eine rosarote Brille tragen. Dabei muss man die hier gar nicht aufsetzen, Kaffee und Kuchen sind auch so sehr lecker! www.cafe-breuer.de

Das **Café im Kunstmuseum** (Friedrich-Ebert-Allee 2) in Gronau, auch „Cafékumu" abgekürzt, bietet zu den Ausstellungen thematisch passende Spezialitäten an und erfreut mit augenzwinkernden Beschreibungen auf der Speise- und Getränkekarte erst den Geist und nach Eintreffen der Bestellung dann den Gaumen. Wer den rheinischen Humor mag, wird hier auf seine Kosten kommen. Ein Frühstück nennt sich z.B. „Gesundheitsreform" und man kann zwischen a: Kassenmodell (trockenes Brötchen, Leitungswasser, Rezeptgebühr/Zuzahlung 3,00 Euro) und b: Privat (2 Brötchen, Schwarzbrot, Croissant, Butter, 2 Marmeladen, Tomate Mozzarella, Schinken, Käse, Ei, Obst, Kräuterquark, Orangensaft, ein Glas Sekt, auf Wunsch Tageszeitung, 15,20 Euro) wählen. www.cafekumu.de

Café Lieblich (Bonner Talweg 115): Dieses charmante Kleinod mit Wohnzimmer-Potential liegt am Bonner Talweg in der Südstadt und ist mit einem fröhlichen Sammelsurium aus Tischen und Stühlen eingerichtet. Hinter dem Hauptraum führt eine Tür auf einen Flur und von dort aus gelangt man in „Raum 3", ein Séparée, in dem man sich fast wie im eigenen Wohnzimmer fühlen kann – mit dem Unterschied, dass man den Kaffee nicht selber kochen und die Waffeln nicht selber backen muss! www.cafelieblich.de

Das **Café Lindentraum** (Rüngsdorfer Str. 39) passt perfekt in die Gegend, in der es Wurzeln geschlagen hat: Umringt von den hübschesten Villen des Bad Godesberger Villenviertels, an der Grenze zu Rüngsdorf, liegt dieser zuckersüße

Mädchentraum. Am Nachmittag scheint die Sonne hinein, die Kuchenauslage macht einem die Entscheidung schwer, die Kaffeemaschine blubbert fröhlich und die prall gefüllten Bonbonnieren lassen Erinnerungen an Kindheitstage wach werden. www.cafe-lindentraum.de

Klein, aber oho ist die **Cafébar Macchiato** (Weberstr. 1a) in der Südstadt in der Nähe des Rheins. Ob sie das kleinste Café von Bonn ist? Mag sein, Kaffee trinken kann man hier jedenfalls sehr gut! www.macchiato.org

Noch schnell einen Kaffee nach der Mensa? Dann ab ins **Café Orange** (Fritz-Tillmann-Str. 6)! Unweit der Mensa in der Nassestraße kann man noch günstig einen Koffeinschub vor der Vorlesung bekommen.

Früher Café Rittershaus, jetzt **Café Sahneweiß** (Kaiserstr. 1d). Durch die Umgestaltung ist das Sahneweiß heller geworden; weiße Möbel und kleine Glasvasen mit Blumen tragen zu der angenehmen Atmosphäre bei und die breite Fensterfront am Wintergarten lässt reichlich Licht hinein. Dadurch hat sich aber nichts an dem zum Kaffee oder Kakao verfügbaren Naschwerk geändert: Nach wie vor frisch und selbstgemacht, mit saisonalen Produkten aus der Region, wie es sich für eine ehemalige Hofkonditorei gehört. Die Köstlichkeiten liegen zuhauf in der schönen, langen Glastheke bereit, aus der du dir dein dein Lieblingstörtchen aussuchen kannst. www.facebook.com/sahneweiss

Das **Café Frischling** (Burbacher Str. 65) bietet für Eltern den großen Vorteil, dass Café- und Spielbereich nicht voneinander getrennt sind. Sie können sich mit Freunden unterhalten und gleichzeitig ihren Kindern beim Spielen zuschauen. Ob Babyparty, Taufe oder Geburtstag: Im Café Frischling kann auch in geschlossener Gesellschaft gefeiert werden. www.cafe-frischling.de

In der Nordstadt, etwas abseits der ausgetretenen Pfade, liegt das **C'est la Vie** (Kölnstr. 177). Aber wo auch immer in Bonn man wohnt, der Weg lohnt sich: Hier gibt es feinste Quiches, Tartes, Eclairs, Crêpes und zahlreiche andere kleine Naschkatzen-Träume. www.cest-la-vie-cafe.de

Ein besonderes Schmankerl ist der **CONTIGO Fair Trade Shop** (Wenzelgasse 19) im Zentrum. Bis auf die Straße zieht der Duft von frisch gerösteten Kaffeebohnen. Nachdem man den bunt eingerichteten Laden dann einmal betreten hat, möchte man so schnell auch nicht wieder gehen. Hier kannst du fair gehandelte Produkte kaufen, der Kaffee ist aus eigener Röstung. Und im Sitzbereich hinter dem Verkaufsraum gönnt man sich gerne eine kurze Auszeit vom Trubel der Innenstadt. www.contigo.de

Im in der Altstadt gelegenen Café **Frau Holle** (Breite Str. 56) fließt der Kaffee aus einer Elektra-Kaffeemaschine und im dazugehörenden Modeladen kann man nach Herzenslust herumstöbern. Die Kaffeetassen sind individuell gestaltet und deren Inhalt gibt es hier auch koffeinfrei oder mit Bio-Sojamilch. www.frau-holle.com

In **FRIEDRICHS coffeeshop** (Nassestr. 1) in unmittelbarer Nachbarschaft zur „Nassemensa" trinken viele Studenten nach dem Mensabesuch noch einen Kaffee. Der ist ausgezeichnet und es wird sogar eine Eigenkreation namens „Ristrettoccino" (zwei kurze Espressi mit aufgeschäumter Milch) angeboten. www.friedrichs-coffeeshop.de

Hell, breite Fensterfront, offene Küche, leise Musik: Das ist das **Jaz Café** (Breite Str. 69) in der Altstadt. Hier kann man nach einem anstrengenden Tag wunderbar entspannen. Nach hinten raus gibt es einen Innenhof mit Terrasse, auf der man bei wärmeren Temperaturen gemütlich lesen oder plauschen kann. Diese von Hauswänden und Mauern eingeschlossene, liebevoll bepflanzte Oase hat ihren ganz besonderen Charme.

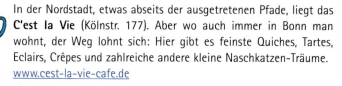

Bonn endlich endlich endlich Bonn dlich

Bei **Kessel's Espresso Studio** (Friedrichstr. 54) sitzt man draußen auf Bänken mit Sitzkissen, neben sich ein winziges Tischchen zum Abstellen der Getränke. Ein großer Schirm schützt vor Sonne und Regen. Hier wird aufs Detail geachtet: Das Herzchen auf dem Milchschaum fehlt genauso wenig wie die Schokonuss zum köstlichen Kaffee. www.kessels-espresso-studio.de

---> Unbedingt den Choco Macchiato probieren!

Ein kleiner Hund drückt sich die Schnauze an der großen Fensterscheibe platt. Stolz thront er auf seinem Kissen am Fenstersims und beäugt neugierig die hereinkommenden Gäste. Im Café **Madame Negla** (Breite Str. 60) gibt es neben diversen Kaffee- und Teespezialitäten selbstgebackene Törtchen, Schokoladenfondue, Barbecue, Burger und Fajitas. Madame Negla hat offensichtlich nicht nur ein Herz für ihren kleinen, struppigen Hund, sondern auch für alle anderen Tiere; Angeboten für Veganer und Vegetarier ist eine ganze Doppelseite in ihrer Speisekarte gewidmet.

Ein Café, das das Wohnzimmer gleich unverblümt im Namen trägt ist **Mayras Wohnzimmer-Café** in Beuel-Mitte (Friedrich-Breuer-Str. 39). Vom kuscheligen Sessel im ersten Stock aus erscheint die Welt doch gleich viel freundlicher. Und überhaupt strahlt das gesamte Café Wärme und Gemütlichkeit aus. Es ist zudem ein besonderer Anziehungspunkt für Mütter mit kleinen Kindern, denn es gibt ein hübsches Spielzimmer. Bei heißer Schokolade mit Marshmallows und süßen Naschereien fühlen sich hier aber auch alle anderen wohl. www.facebook.com ---> Mayras Wohnzimmer

Eines der bekanntesten und ältesten Cafés in Bonn ist das **Müller-Langhardt** (Markt 36). Im Schaufenster gibt es immer etwas zu gucken: leckere Torten, Pralinen und der Baumkuchen darf natürlich auch nicht fehlen! Draußen hast du einen schönen Blick auf den Markt. www.mueller-langhardt.de

Eine der sonnigsten Ecken in der Altstadt ist das **Pawlow** (Heerstr. 64). Hier bekommst du das Gesamtpaket: Tagsüber Milchkaffee

im riesigen Bottich, dazu leckeres Frühstück. An das Gebäude geschmiegt stehen Biergarnituren; in dieser geschützten Ecke ist es selbst im Frühling schon angenehm warm. Am Abend verwandelt sich das Café in eine Kneipe und auf den Tischen landen statt Kaffee und Kakao alkoholische Getränke. All das gibt es zu sehr fairen Preisen.

Das **Wonnetörtchen** (Rheingasse 4) bietet eine große Auswahl an kreativen Cupcakes. Jedes Törtchen wird in liebevoller Handarbeit nach eigenen Rezepten selbst gefertigt. Einige der Cupcakes sind vegan und glutenfrei. Für die Kleinen gibt es nicht nur Cupcakes in Tier-Optik, sondern auch ein separates Spielzimmer. Alle zwei Wochen finden in gemütlicher Runde Veranstaltungen statt, z. B. Lesungen, Bingo- und Quiz-Abende. www.wonnetoertchen.de

Der **Tee Gschwendner** (Dreieck 2) ist in einem niedlichen alten Fachwerkhäuschen im Bonner Zentrum beheimatet. In der Teestube im Knusperhäuschen kannst du dir aus einer riesigen Auswahl deinen Lieblingstee heraussuchen. Draußen sitzt man herrlich in einem etwas abgetrennten Bereich, aber mitten im Bonner Trubel mit Blick auf den Münsterplatz.
www.teegschwendner.de

--> Fachgeschäfte --> Bonn

Bier

In Bonn gibt es sehr, sehr viele Kneipen. Du hast die Wahl, kannst eine Kneipentour in der Altstadt oder der Südstadt beginnen und wirst dabei sicherlich noch auf viele neue und alte Goldstücke stoßen. Willst du aber auf Nummer sicher gehen, halte dich einfach an die folgenden Tipps:

Wer am liebsten professionell beraten die Bonner Kneipenszene erkunden will, kann sich einer der berüchtigten „Drink doch ene met – Bönnsche Kneipengeschichte(n)"-Touren anschließen. Organisiert wird das Ganze von der Touristen-Information der Stadt, der **Bonn-Information** (Windeckstr. 1).

Das Gasthaus **Im Stiefel** (Bonngasse 30) ist eines der Bonner Traditionslokale. Ein Bierchen solltest du dir hier auf jeden Fall genehmigen, wenn du neu nach Bonn kommst – allein wegen der direkten Nachbarschaft zum Beethoven-Haus. www.gasthausimstiefel.de

Zentral in der Altstadt liegt das **Bierhaus Machold** (Heerstr. 52). Hier gibt's hauseigenes Bier und große Fenster zur Straße sorgen für einen guten Überblick. Probier doch im Sommer mal den schönen Biergarten aus. www.bierhaus-machold.com

Fußball, Musik, Bier und Rheinkultur: Das gibt's in der „Bonner Lärm-Anstalt", kurz **BLA** (Bornheimer Str. 20–22). Der Name ist Programm, wer traute Zweisamkeit und intensive Gespräche sucht, ist hier nicht ganz so gut aufgehoben! Ab und an gibt es Livemusik. www.bla-bonn.de

Kölsch ist überregional bekannt – aber Bönnsch? Das kennt noch lange nicht jeder. Bönnsch wird aber im **Brauhaus Bönnsch** (Sterntorbrücke 4) gebraut und ausgeschenkt, und zwar naturtrüb oder als Weizen. Von März bis Juni kannst du außerdem das Bönnsch Märzen und im November/Dezember das Festbier trinken. Nur drinnen im Brauhaus wird das Bönnsch in den typischen krummen Gläsern serviert. www.boennsch.de

Das **Blow Up** (Sterntorbrücke 7) hat bis 5.00 Uhr geöffnet und ist somit bestens geeignet für Nachtschwärmer und eine der letzten Adressen für den Absacker nach einer langen Nacht. Wo der Name dieses „Etablissements" herrührt, soll an dieser Stelle unerwähnt bleiben. Rein kommst du erst ab 21 Jahren. www.blow-up-bonn.de

In der **Wache** (Heerstr. 145) ist es düster und schummrig. Du kannst hier ganz ohne Schnickschnack Tischfußball spielen oder dich mit deinem Bier in die Sofaecke hinten im Lokal verkrümeln. Ideal für einen gemütlichen Kneipenabend. www.die-wache.com

Blick auf das Rathaus, Blick auf den Marktplatz, im Sommer ein kühles Bier unterm Sonnenschirm: Das alles bietet dir das historische Gasthaus am Rathaus **Em Höttche** (Markt 4). www.em-hoettche.de

Es lohnt sich, regelmäßig die Internetseite des **Limes** (Theaterstr. 2) auf dort stattfindende Veranstaltungen zu durchforsten; sonst verpasst man Lesungen, Konzerte und Käsefondue. Käsefondue? Ja, um Weihnachten herum gibt es auch das hier. Zudem stehen 50 Sorten Bier in der Kühlung und jeden Tag ist eine andere im Angebot. www.limes-musikcafe-bonn.de

Vor dem Eingang zur **Mausefalle 33 1/3** (Weberstr. 41) wird man von jemandem begrüßt, der offensichtlich zu lange auf sein Bier warten musste: Auf einem Stuhl hat es sich ein Skelett gemütlich gemacht. Wer sich davon nicht abschrecken lässt, geht ein paar Stufen hinunter und befindet sich kurz darauf in einer urigen Kneipe. www.mausefalle-bonn.de

Die **Musiktruhe** (Maxstr. 40) ist eine Rock- und Blues-Kneipe in der Bonner Altstadt. Montags ist Flensburger im Angebot, dienstags Kölsch und Pils, mittwochs Weizen und donnerstags ist Budweiser-Tag. Außerdem kannst du hier Billard, Dart oder Tischfußball spielen. www.musiktruhe-bonn.de

Seit 1883 schon gibt es das Gasthaus **Zum Treppchen** (Weberstr. 42) und du solltest es Gästen zeigen, die du in Bonn zum Essen und Trinken ausführen möchtest. Hier gibt es leckere, rheinische Spezialitäten und einige Biere im Ausschank. Lauschige Sommerabende kannst du im angeschlossenen Biergarten mit Laube genießen. www.zum-treppchen-bonn.de

Das **Zebulon** (Stockenstr. 19) ist eine Kneipe direkt an der Uni, an der Einfahrt zur Marktgarage. Innen ist es eher rustikal, bei gutem Wetter stehen aber auch ein paar Bierbänke draußen an der Straße bereit. www.facebook.com/Zebulon.Bonn

Biergärten

Mit Blick auf Rhein, Kennedybrücke, die „Schäl Sick" und sogar das Siebengebirge ist der **Biergarten Alter Zoll** (Brassertufer 1) wohl einer der hübschesten Plätze in Bonn, um im Sommer ein Bier zu trinken. Direkt nebenan kann man Boule spielen und eine große Liegewiese lädt zum Sonnenbaden ein. Bei Studenten auch bekannt als „Open Air Mensa". www.alterzoll.de

Genau gegenüber auf der Beueler Rheinseite liegt die **Rheinlust** (Rheinaustr. 134). Nach einem schönen Spaziergang an der Rheinpromenade kann man hier in den Biergarten einkehren und mit Blick auf Bonn sein Bierchen trinken.

Im traditionellen Biergarten des Restaurants **Bundeshäuschen** (Oberkasseler Ufer 4) in Oberkassel bietet sich bei klarem Wetter ein fantastischer Blick auf den Sonnenuntergang über Bonn. www.bundeshaeuschen.de

Der **Biergarten Schänzchen** (Fritz-Schroeder-Ufer 38 / Rosental 105) liegt direkt am Rhein. Man sitzt entweder etwas erhöht auf einer großen Terrasse unter einem dichten Blätterdach oder unten vor dem Gebäude, vom Rhein nur durch einen Weg getrennt. Bei schönem Wetter platzt der Biergarten aus allen Nähten und weiter hin-

ten auf der Terrasse geht es an den langen Bierbänken gesellig zu. Es gibt Weißbier vom Fass, Paulaner und Kölsch. Bei Speis und Trank heißt es: Selbstbedienung!

Der **Biergarten Zum Blauen Affen** (Elsa-Brandström-Str. 74) liegt ebenfalls auf der Beueler Rheinseite. Er besticht mit einer tollen Lage mitten im Grünen. Hier fühlen sich auch Familien mit Kindern wohl, die Kleinen können auf den Wiesen toben, während die Eltern im Biergarten sitzen. Die Grillfeste im „Affen" haben mittlerweile schon Tradition. Nach Vorbestellung kann man ab einer Gruppengröße von 20 Personen in einem eigenen Bereich zwischen den Grill-Varianten „Affe I" und „Affe II" wählen.
www.haus-am-rhein.de

Das **Spleen** (Sternenburgstr. 12) kann mit einem besonderen Sommer-Schmankerl aufwarten: einem geheimen Biergarten! Man durchquert das Lokal, geht draußen einen schmalen Pfad entlang und landet in einem urgemütlichen Innenhof mit Biertischen und -bänken. www.spleen-bonn.de

Die **Harmonie** (Frongasse 28–30) in Endenich ist über Bonn hinaus für ihren großen Veranstaltungssaal bekannt, in dem man Jazz- und Rockkonzerte erleben kann. Sie besitzt aber rund ums Haus auch einen sehr großen, gemütlichen Biergarten mit viel Flair. Die Auswahl an Getränken kann sich sehen lassen und auch zum Essen kommt man gerne hierher. www.harmonie-bonn.de

Wer die ganz große Auswahl sucht, dem sei die **Bonner Bierbörse** empfohlen. Sie findet einmal im Jahr in der Rheinaue statt. Durch das gesamte Angebot wirst du dich nicht trinken können, einige außergewöhnlichere Biersorten solltest du dir aber nicht entgehen lassen! www.bierboerse.com
--> s. „Feste & Festivals", S. 218

Wein

In Bonn kommen Freunde des guten Tropfens so richtig auf ihre Kosten, denn der Weinanbau hat in der Region eine lange Tradition. Zwischen Bonn und Bingen bewegst du dich im Anbaugebiet Mittelrhein. Vor allem Riesling wird hier angebaut – auf ca. 70 % der gesamten Anbaufläche –, aber auch Müller-Thurgau, Kerner, Grau- und Weißburgunder und unter den roten Rebsorten hauptsächlich Dornfelder, Spätburgunder und Portugieser finden ihr Plätzchen auf dem Weinberg.

Aber natürlich gibt es auch in Bonn Weine aus aller Welt. Richtig liegst du auf jeden Fall mit einer der folgenden Adressen:

Eine große Auswahl an Weinen, dazu Kunst, findest du im **grün der zeit** (Dorotheenstr. 70) in der Altstadt. Hier gibt es vor allem Rotweine aus Spanien und Weißweine aus Deutschland. Regelmäßig finden Verkostungen statt. Öffnungszeiten: Di–Do 17.00–20.00 Uhr, Fr 15.00–20.00 Uhr, Sa 10.00–16.00 Uhr. www.gruenderzeit-wein.de

Das **K.u.K. Weinhäuschen am Rhein** (Fährstr. 26) liegt ganz romantisch in Bonn-Mehlem. Der Blick von der Terrasse ist wunderschön – ideal, wenn man seinem Besuch etwas bieten möchte und die österreichische Küche mag. www.kuk-weinhaus.de

La Cigale im Weinhaus Jacobs (Friedrichstr. 18) ist ein rustikal anmutendes Weinhaus mit langer Tradition, das auf deutsche Weine spezialisiert ist. Seit dem Einzug des Restaurants „La Cigale" findet man hier eine gelungene Kombination aus Weinhaus und Restaurant. www.lacigale.de

Du magst deinen Wein lieber „gepantscht"? Im **Rincon de España** (Karthäuserplatz 21) in Kessenich gibt es zu den tollen Tapas leckere selbst gemachte Sangria! www.rincon-de-espana.de

Im **Weinhaus Buchner** (Kastellstr. 27) in Bonn-Oberkassel kannst du deinen Wein zu herzhaften Gerichten genießen. In rustikalem Ambiente gibt's hier deutsche Weine, darunter ganz besonders viele aus der Region. www.weinhausbuchner.de

Das **Weinhaus Muffendorf** (Muffendorfer Hauptstr. 37) lockt mit einer kleinen, aber feinen Auswahl an Weinen. www.weinhaus-muffendorf.de

Im **Weinkommissar** (Friedrich-str. 20) findest du eine ansehnliche Auswahl an Weinen aus Italien, Österreich und Slowenien. Man kann sowohl drinnen als auch draußen stilvoll sitzen und viele verschiedene Weine verkosten. Dazu bekommt man Brot gereicht. Auch Weinseminare kannst du hier besuchen. Ein kleiner Geheimtipp, der inzwischen nicht mehr ganz so geheim ist. www.weinkommissar.de

In Königswinter-Oberdollendorf (Bachstr. 112) liegt das **Weingut Blöser.** Hier kannst du einen leckeren Wein aus dem Siebengebirge probieren. www.weingutbloeser.de

Gutes Mitbringsel: Das **Drachenblut** vom Drachenfels. www.weingut-pieper.de

Bonn

endlich

endlich

dlich

Bonn

Cocktails

Das **Che Guevara** (Münsterstr. 9) ist eine beliebte Cuban Cocktail-bar mit über 100 leckeren Cocktails zur Auswahl. Für Rumliebhaber hält man eine separate Rumkarte bereit. www.cheguevara-bonn.de

Der Name lässt es vermuten: Auch das **Havanna** (Clemens-August-Str. 1) in Poppelsdorf ist eine kubanische Bar. Es gibt eine große Auswahl an Cocktails, darunter auch einige alkoholfreie. Satt wird man bei der kunterbunten Speisekarte ebenfalls. www.havanna-bonn.de

Im **Limão** (Moltkestr. 64) in Bad Godesberg kannst du mit einem Blick in die Karte ganz schnell deinen Lieblingscocktail finden. Es gibt cremige Colada Cocktails, Caipi Cocktails, spritzige Sour Cock-tails ... und dazu dann noch tolles, exotisches Essen: Maniok-wurzeln, Palmherzen, Stockfischbällchen, Mangosauce, und, und, und ... www.limao.de

Das **Shaker's** (Bornheimer Str. 26) ist nichts für „Kniesbüggel" (Geizkragen) und nicht gerade studentisch. An der riesigen Theke kannst du dir über 400 Drinks mixen lassen und dann bietet die Getränkekarte auch noch was für Whiskey-, Rum- und Wodka-Ken-ner. Immer wieder gibt es Specials. www.shakers-bonn.de

Im **Take Two** (Rathausgasse 15) gibt es leckeres spanisches Essen und eine nette Cocktailauswahl, Urlaubsflair inklusive. Eine gute Wahl, ganz egal, ob zum Ein- oder Ausklang eines gelungenen Abends. www.take-two-bonn.de

Durstlöschen auf Bönnsch

Endenich hat ein Ei, nämlich sein Endenicher Ei (ein Verteilerkreuz in Form eines Eis). In den Norden von Bonn werden darüber jeden Tag Unmengen von Eiern geliefert (ca. 1 Million!). Der Grund? Hier entsteht der berühmte Eierlikör von **Verpoorten**. Du kannst ihn pur genießen, es gibt aber auch eine Menge leckerer Rezepte.
www.verpoorten.de

Mit viel Humor und noch mehr frischer Frucht präsentiert sich der Bonner Lokalmatador in der Smoothie-Disziplin. Längst überregional bekannt und beliebt lassen sich die Kreativen von **true fruits** nicht nur immer neue Obst-Kombinationen (und manchmal sogar Gemüse-Kombinationen – der green smoothie enthält nämlich Spinat und Grünkohl) einfallen, sondern auch immer wieder originelle und amüsante Texte für die Flaschenwände. Man wird also nicht nur geschmacklich entzückt, sondern jede Flasche ist auch noch für einen Lacher gut. Die Glasflaschen können nach Gebrauch vielfach verwendet werden; Ideen dazu findest du auf der Website:
www.true-fruits.com

Grillen
Biergarten
Biergarten

Badesee
Badesee
Badesee

Eis
Grillen

Sommer!

Es ist
Sommer!

Sommer! endlich

Kicken

Kicken

Grillen   Grillen

hot

Badesee   Grillen

Badesee   Grillen   Grille

Biergarten

Biergarten   endlich

Biergarten

Der Sommer ist DIE Jahreszeit, in der sich Faulsein am meisten lohnt. Wer nichts tut, als in freier Wildbahn herumzuliegen, wird mit Sonne, grünender Natur, Geselligkeit und Endorphinen belohnt – vorausgesetzt, er kennt ein zum Nichtstun geeignetes Plätzchen. Solche Plätzchen findest du in Bonn zum Glück zuhauf. Ja, wer Zeit genug hat und faul genug ist, für den wird sich die gemütliche Stadt am Rhein in eine von nebensächlichen Gebäuden unterbrochene Liegewiese verwandeln.

Wer nicht faul genug ist und den Sommer gerne nutzt, um sich die Winterstarre aus den Gliedern zu schütteln, zu radeln, zu laufen oder zu schwimmen, der wird auch dazu in Bonn viele ausgezeichnete Gelegenheiten finden. Auf eins können sich vermutlich beide Fraktionen einigen:

Eis

Wie jede deutsche Großstadt hat Bonn unzählige Eisdielen. Und wie in jeder anderen deutschen Großstadt auch glänzen die wenigsten davon mit fantasievollen Rezepten und jenem Geschmacks-Plus, durch das sich gerade dieser eine Kaloriendealer von seinen Konkurrenten abhebt. Aber es gibt sie:

Die beste Bonner Eisdiele, was Kreativität, biologisch hochwertige Zutaten und Geschmacksüberraschungen angeht, ist zugleich die kleinste: das **EisLabor** (Maxstr. 16) am Stadthaus. Vor der Tür stehen zwei Hocker, das Lokal selbst ist gerade groß genug für eine Handvoll anstehender Gäste. Aber entscheidend ist, was in der

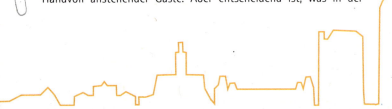

Kühltheke liegt: alle klassischen Sorten, viele Fruchtsorbets und ständig neue Kreationen, dazu Milchshakes – alles ohne Farbstoffe und mit naturbelassener, frischer Vollmilch. Weil das Eislaber so erfolgreich ist, finden erfrischungssuchende Bonner inzwischen auch Filialen in der Innenstadt (Friedrichstr. 50) und in Beuel (Friedrich-Breuer-Str. 16). www.eislabor.info

Ebenfalls mitten im Zentrum von Beuel liegt das **Eiscafé Olivotti** (Friedrich-Breuer-Str. 69), das immer gerade so viele ungewöhnliche Sorten führt, wie man in einem Sommer ausprobieren kann: 36 Geschmacksrichtungen, die laut Inhaber ständig variieren! Und hier ist nicht nur die Vielfalt bemerkenswert, sondern auch die Qualität. www.eis-olivotti.de

Einer der beliebtesten Sommerplätze Bonns ist – nein, nicht der Marktplatz, an dem es zwar auch zwei Eisdielen, aber wegen der hohen Bebauung rundherum vor allem sehr viel Schatten gibt, sondern – der Kaiserplatz in Bahnhofsnähe.

Gegenüber vom Hofgarten beginnt er mit einem großen Springbrunnen, neben dem ein erlesen sortiertes Outdoor-Antiquariat seine Zelte aufgeschlagen hat, und gleich dahinter befindet sich die **Gelateria am Kaiserplatz** (Kaiserplatz 6). Mit der Wiese nebenan, den Bäumen darüber und dem Blick auf Kreuzkirche, Uni und Hofgarten gehören die Sitzplätze hier zu den schönsten in der Innenstadt.

Das **Eiscafé Bressa** (Annaberger Str. 159a) hat einen Standortvorteil – es liegt direkt um die Ecke vom „Friesi" (Freibad Friesdorf) und ist somit im Sommer gut besucht. Nicht nur die Friesdorfer kommen regelmäßig in Scharen hierher, viele Leckermäuler nehmen auch einen weiteren Weg auf sich, um die ungewöhnlichen Eiskreationen zu probieren. www.facebook.com --> Eiscafé Bressa

An besonders heißen Sommertagen ist die Schlange vor dem **Ciao.Ciao** (Rheinweg 163) in Kessenich so lang, dass der gesamte Bürgersteig blockiert wird. Hier meckert aber keiner über die Wartezeit, die Vorfreude auf die leckere Erfrischung ist einfach zu groß. In den kälteren Monaten kann man sich hier verschiedene Heißgetränke mit teilweise interessanten Sirupvariationen schmecken lassen; zu besonderen Großereignissen (Fußball-WM) gibt es thematisch passende Eiskreationen. www.cc-gelati.com

Das **Heisskalt** (Hausdorffstr. 185) in Kessenich hat verschiedenste kreative Sorten im Angebot, immer wieder gibt es etwas zu entdecken und der Geschmack ist phänomenal. Im Winter gibt es frische Vanillewaffeln und zum Cocktailschlürfen kannst du auch vorbeikommen. www.heisskalt-bonn.de

Plantschen, Baden und Schwimmen

Freibäder

Dass Bonn nicht die Stadt mit den feudalsten Hallenbädern des Abendlandes ist, kann dir im Sommer egal sein. Denn es gibt einige sehr schöne Freibäder, die keine Freizeitwünsche offen lassen. Eintrittskarten kosten in allen Bädern 4 Euro, ein Abendticket ab 18.00 Uhr 3 Euro. Die aktuellen Öffnungszeiten und mehr Infos zu allen Bädern findest du hier: www.bonn.de

--> Tourismus & Kultur, Sport & Freizeit --> Bonner Bäder

Das **Römerbad** (Eduard-Spoelgen-Str. 11) in Bonn-Castell, unterhalb der Friedrich-Ebert-Brücke, gehört zu den beliebtesten Bonner Bädern. Hier warten ein über 1.000 m² großes Sportbecken, ein ebenso großes für Nichtschwimmer, der 10-Meter-Sprungturm und ein Wellenbad auf dich. Dazu gibt es eine ausgedehnte Rasenfläche für Sonnenanbeter oder Frisbee-Spieler und natürlich gastronomische Angebote von eiskalt bis würstchenwarm.

Selbst wenn im **Ennertbad** (Holtorfer Str. 40) im rechtsrheinischen Ortsteil Pützchen viel los ist, bleibt immer noch genug Platz zum Fußballspielen auf der weit vom Wasser wegführenden und mit schattenspendenden Bäumen bestückten Wiese. Schwimmen kann man auf acht Bahnen, die Sprunganlage ist 5 m hoch. Das Nichtschwimmerbecken nimmt den meisten Platz ein und bietet mit Wasserpilzen, -kanonen und einem Kletterschiff vor allem für Kinder einige Gimmicks. Am Eingang des auf Karibik getrimmten Bads ist eine Strandbar aufgeschüttet, in der es sich viel angenehmer sitzen lässt als in den freibadüblichen Wurstbrätereien mit Bierbank. Das Ennertbad ist gepflegt, familienfreundlich und behindertengerecht.

Bonn endlich endlich endlich Bonn
dlich

Wer seine Bahnen am liebsten in idyllischer Landschaft zieht und eher wegen des Naturerlebnisses als zum Fußballspielen ins Freibad geht, wird im **Poppelsdorfer Melbbad** (Trierer Str. 59) glücklich werden. Zwischen Büschen und Bäumen erwarten dich auch hier acht 50-Meter-Bahnen, ein sehr großes Becken für Nichtschwimmer, ein kleines Becken mit Wasserdüsen zum Plantschen, Strandkörbe sowie eine Sprunganlage mit Dreimeterbrett.

Wegen seiner Hanglage nach Südwesten ist das Melbbad zwar wunderbar zum Sonnen, für Wiesensportler aber nur an wenigen Stellen geeignet. Hier finden viele kleinere Sport- und Tanzveranstaltungen statt, darunter auch Beachvolleyballturniere und einmal jährlich das Melbbadfest. Das Publikum ist studentisch geprägt.

Das Freibad mit der zweifelsfrei schönsten Aussicht in Bonn ist das gegenüber dem Drachenfels liegende **Panoramabad Rüngsdorf** (Am Schwimmbad 8) in Bad Godesberg. Bekannt ist es für seinen stilvollen Sprungturm mit fünf Plattformen in bis zu 10 m Höhe, auf dem

auch Wettkämpfe ausgetragen werden. Ansonsten bietet das Panoramabad ein 50-Meter-Becken, ein Plantsch- und ein „Attraktionsbecken" mit Whirlpool, Wildwasserkanal und Gegenstromanlage. Dazu gibt es ein Restaurant – natürlich ebenfalls mit Panoramablick.

Das **Hardtbergbad** (In der Dehlen) in Duisdorf ist das einzige Hallen- UND Freibad in Bonn. Während die Schwimmhalle eher klein ausfällt, verfügt der Freibadbereich über ein geräumiges L-förmiges Sportbecken, zwei mittelgroße Nichtschwimmerbecken, eine 33 m

lange Rutsche sowie Wasserpilze, -düsen und -kanonen. Auch hier gibt es einen künstlichen Sandstrand mit echten Strandkörben und natürlich einen Kiosk. Das Besondere am Hardtbergbad aber ist sein Kletterwald mit Parcours in unterschiedlichen Schwierigkeitsstufen.

--> siehe „klettern", S. 137

Das **Freibad Friesdorf** (Margaretenstr. 14) ist mit seinen sechs 25-Meter-Bahnen und dem nur 170 m² großen Nichtschwimmerbecken das kleinste in Bonn. Dafür kann man hier nicht nur schwimmen, sondern auch Tischtennis, Basketball und Beachvolleyball spielen. Auch ein Kiosk ist vorhanden. Am Wochenende sollte man allerdings auf großen Ansturm gefasst sein.

Im Hochsommer wird das Freibad Friesdorf zum Open-Air-Kino!
--> siehe „kultur und so", S. 197

Flüsse und Seen

Bonn liegt an einem großen, landschaftlich reizvollen Fluss, der längst nicht mehr so verschmutzt ist, wie er es mal war: dem **Rhein**! Für Fluss-Schwimmer stellt sich daher natürlich sofort die Frage: Kann ich da drin schwimmen? Grundsätzlich ja, es ist nicht verboten – sofern man einen Mindestabstand von 100 m zu Brücken, Anlegestellen und Hafeneinfahrten einhält. Die Stadt Bonn warnt jedoch ausdrücklich vor den Gefahren durch Strudel, Schiffsverkehr und einer Fließgeschwindigkeit von 6 km/h. Man sollte es also lieber dabei belassen, den Sandstrand, den leichten Wind und die Aussicht zu genießen und einfach nur die Beine ins Wasser zu tauchen.

Ein weitaus kleinerer Fluss mit vielen reizvollen Ecken ist die **Sieg**, die an der nördlichen Stadtgrenze Bonns in den Rhein mündet. Grundsätzlich ist das Baden hier zwar verboten, eine Ausnahme sind jedoch die so genannten „gewässernahen Erholungsbereiche", die durch grüne Schilder gekennzeichnet sind.

Einer dieser Bereiche befindet sich an der **Siegfähre** (die eine der letzten verbliebenen Ein-Mann-Fähren Deutschlands ist) zwischen Troisdorf-Bergheim und Bonn-Vilich, in der Nähe der Landesstraße 269. Hier kannst du dich mitten im Grünen niederlassen, im Wasser plantschen und musst doch die (kulinarischen) Annehmlichkeiten der Zivilisation nicht missen, denn die Seilfähre bringt dich zum Gasthof und Café **Zur Siegfähre** (Zur Siegfähre 7, 53844 Troisdorf). Eine Karte mit Bademöglichkeiten findest du auf der Webseite der Kreisstadt Siegburg: www.siegburg.de

Der **Rotter See** liegt mitten in Troisdorf, nördlich von Bonn. Durch Bäume vom Ort und den umgebenden Feldern abgeschirmt, wartet hier ein ruhiger, malerischer Platz zum Schwimmen und Baden – besonders da das Bootfahren nur für Vereine gestattet ist. Einen Strand, einen Grillplatz und eine Sportanlage mit Halfpipe gibt's außerdem. www.rottersee.de

Zwischen Bonn und Köln liegt das Brühler Naherholungsgebiet um den **Heider Bergsee**, der fast vollständig von Wald umgeben ist. In Ortsnähe liegt ein Campingplatz, zu dem auch ein Strandbad und ein Restaurant gehören. Der See bietet dir alle Möglichkeiten zum Schwimmen, Segeln, Tauchen und Bootfahren. Im Wald drumherum kannst du wunderbar wandern oder radeln. www.heiderbergsee.de

Etwa 30 km südwestlich von Bonn liegt die **Steinbachtalsperre** mit dem von Bäumen eingefassten **Waldfreibad** (Talsperrenstr. 125, 53879 Euskirchen). Der See ist künstlich angelegt, liegt aber mitten in der Natur: Du hast viel Platz zum Schwimmen und das Seewasser ist natürlich chlorfrei, tiefer, trüber und auch kühler als das Wasser in gekachelten Bädern. Liegewiese, Sprungturm und Rutschbahn gibt es trotzdem. Und nach einem heißen Freibadtag kannst du dich nebenan im Biergarten des Waldgasthauses Steinbach auch innerlich abkühlen. Das Freibad kostet 6 Euro Eintritt und ist von 11.00–20.00 Uhr (Sa & So 10.00–20.00 Uhr) geöffnet.

www.euskirchen.de --> Leben in Euskirchen --> Freizeit --> Waldfreibad Steinbachtalsperre

Wasserski & Wakeboard

Elfengleich übers Wasser gleiten oder gleich nach dem Start ins Wasser platschen: Das kannst du auf einem See in **Langenfeld** (Baumberger Str. 88, 40764 Langenfeld, etwa 60 km nördlich von Bonn). Sowohl für Wasserski-Profis als auch für Anfänger bietet der See attraktive Möglichkeiten. Wer lieber zuschauen möchte, kann das natürlich ebenfalls. Und feucht-fröhlich geht es auch außerhalb des Wassers im Gastronomiebereich zu. www.wasserski-langenfeld.de

Spiel & Spaß

Trend- und Wiesensportarten wie Frisbee, Footbag, Slackline, Badminton oder verschiedene Ballspiele lassen sich mehr oder weniger auf jeder größeren, ebenen, gemähten Wiese betreiben. So kommen

für all diese Aktivitäten schon mal der Hofgarten, das südliche Beueler Rheinufer und die Rheinaue in Frage. In der Rheinaue kann man außerdem Minigolf spielen, durch eine Halfpipe brettern oder am Auensee ein Tret- oder Ruderboot leihen.

Kicken

Im Sommer ist der Aufwand dafür naturgemäß so gering wie nie. Denn wenn das Wetter stimmt, kommt theoretisch jede größere Fläche des Planeten als Fußballfeld in Frage – Voraussetzung sind nur ein Ball und eine Handvoll Mitspieler. Damit du trotzdem nicht jede größere Fläche in Bonn selbst testen musst, um zu erfahren, wo es sich am besten kicken lässt, findest du hier eine kleine Vorauswahl:

In **Endenich am Flodelingsweg** hast du die Qual der Wahl zwischen einem handballfeldgroßen Bolzplatz mit Stahltoren und nicht mehr ganz frischem Rasenbelag (Nähe Kollegienweg), einem Rasen-Kleinspielfeld gleich neben dem Aschenplatz des FV Endenich, ebenfalls mit Stahltoren, und – wenn man's groß mag und niemanden stört – eben dem Aschenplatz selbst. In jedem Fall lohnt sich die Fahrt zum Flodelingsweg, denn einer der drei Plätze wird wohl frei sein.

Am Ende der **Buchholzstraße in Ippendorf**, unmittelbar neben dem schicken Footballfeld, kann man auf einem etwas abgenutzten, aber immerhin linierten Aschenplatz das Leder tanzen lassen. Hier sollte man aber mindestens ein dreckiges Dutzend zusammenbringen, denn das Feld hat gut seine 36 x 60 Meter.

Auf Bolzplatz **Maxstraße** spielst du auf High-Tech-Kunststoffbelag. Das ist zwar nicht so romantisch wie die Wiese im Park, aber dafür kann sich niemand über Löcher im Rasen beschweren. Nebenan gibt's einen schönen Spielplatz und Urban Gardening. Wenn du hier also öfter kickst, lohnt sich vielleicht der Antrag auf ein Stück Gemüsebeet zur gärtnerischen Nutzung (Vergabe über Quartiersbüro Macke-Treff, Vorgebirgsstr. 43).

Natürlich wird immer auch im **Hofgarten** gekickt, am ehesten zwischen Nachmittag und frühem Abend, wenn es die Studenten ins Freie zieht. Allerdings sind es oft eingespielte Cliquen, die sich hier verausgaben – das spontane Mitspielen als Fremder ist also nicht immer möglich.

Beachvolleyball

Wenn der Sommer eine Sportart wäre, hieße er Beachvolleyball. Fast nackt und unermüdlich hopsend, bis die Sonne das Hirn eindampft und die Stirn neben dem Ball im Sand ruht – kein Vergleich zum Quietsch-Volleyball in der Gummihalle. Beachvolleyball ist mehr als ein Sport, es ist die Verschmelzung mit den Elementen Schweiß, Sand, Feuer und Licht. Glaubst du nicht? Dann probier's mal (wieder) aus:

Am Ortseingang zum kleinen Lessenich, einem Ortsteil im Bonner Westen, stößt man unweigerlich auf das **Soccer Center Bonn** (Bonner Logsweg 131). Hier kannst du nicht nur auf Kunstrasen Fußball spielen, sondern auch drei Outdoor-Quarzsandfelder für Volleyball mieten. Der Preis für eine Stunde beträgt 12–15 Euro. Reservieren ist obligatorisch! www.soccer-center-bonn.de

Wie bereits im Abschnitt „Schwimmbäder" erwähnt, hat auch das **Freibad Friesdorf** (Margaretenstr. 14), von allen Bonnern liebevoll nur „Friesi" genannt, eine Beachvolleyballanlage.

In der **Sportfabrik** in Beuel (Augusstr. 32) kannst du nicht nur Muskelsport und Fittness betreiben, sondern zwei richtig gut gepflegte Beach-Felder bespielen. Dazu musst du weder Mitglied bei der Sportfabrik noch Profisportler sein, sondern ganz einfach vorab reservieren. Also ran an den Beach und los gehts!
www.sportfabrik.de/beachvolleyball.htm

Basketball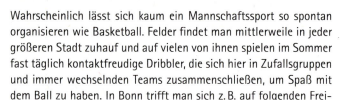

Wahrscheinlich lässt sich kaum ein Mannschaftssport so spontan organisieren wie Basketball. Felder findet man mittlerweile in jeder größeren Stadt zuhauf und auf vielen von ihnen spielen im Sommer fast täglich kontaktfreudige Dribbler, die sich hier in Zufallsgruppen und immer wechselnden Teams zusammenschließen, um Spaß mit dem Ball zu haben. In Bonn trifft man sich z. B. auf folgenden Freiplätzen:

Ein beliebter Spielort im Bonner Norden befindet sich auf dem Gelände der **Pädagogischen Fakultät** (Römerstr. 164). Hier kannst du dich auf zwei Tartanplätzen austoben. Das Niveau der (Mit-) Spieler ist gut bis sehr gut, du solltest also nicht unbedingt Basketballneuling sein.

Unweit des Soccer Centers, am Weidenpeschweg in Lessenich, spielen auf dem **Basketballplatz an den Klärwerken** abends ab 17.00 Uhr fast immer ein paar Leute. Der Platz ist aus Beton und verfügt über zwei intakte Körbe. Wer sich dazugesellen möchte, sollte in die Kunst des Ballspiels allerdings schon länger eingeführt sein.

Klettern

Der **BRONX ROCK Kletterwald** (In
der Dehlen) steht auf dem weitläu-
figen Gelände des Hardtbergbads.
Zum Einstieg kannst du erst mal
auf einem Bobbycar über den Kin-
derparcours rollen und deinen
Gleichgewichtssinn auf Vordermann bringen. Anschließend geht
es auf den anderen drei Routen
schrittweise höher hinauf. Und
wenn du mit der 55-Meter-Seil-

bahn quer über die Liegewiese des Freibads schwebst, kannst du
dich schon auf die Abkühlung danach freuen – der Schwimmbad-
eintritt ist nämlich im Preis inbegriffen. www.kletterwald-bonn.de

15 km östlich von Bonn liegt der **Freiraum Kletterwald Hennef**
(Sövener Str. 60, 53773 Hennef). Die Parcoursanlage entführt dich
hoch – oder je nach Vorliebe auch nicht ganz so hoch – hinauf in
die Baumkronen. Bei 13 Routen in den unterschiedlichsten Schwierigkeitsstufen ist garantiert auch für dich die richtige dabei.
www.kletterwald-hennef.de

--> Klettern mit Dach? Jahreszeitenunabhängige Kletter-
möglichkeiten findest du im Kapitel „Frostige Zeiten", S. 152

Minigolf

Im Freizeitpark Rheinaue liegt der **Minigolfplatz Rheinaue** (Ludwig-Erhard-Allee, direkt beim großen Rheinauen-Parkplatz).
18 Bahnen, ringsherum Bäume und nebenan ein schöner Park – was
braucht man mehr? PitPat und Jetgolf könnt ihr hier ebenfalls spielen. www.minigolf-rheinaue.de

Eine größere Minigolfanlage liegt in Bad Godesberg: **Minigolf Trimborn** (Marienforster Promenade 1). Das Gelände ist bestens gepflegt und es werden sogar Turniere ausgetragen. Im „Einkehrhaus" kannst du dich für die nächste Partie stärken.
www.minigolf-bonn.de

Radfahren

Städte, die an Flüssen liegen, bieten Freizeitradlern in den meisten Fällen mindestens zwei bequeme Strecken an, nämlich an jedem Flussufer eine. Bonn ist da keine Ausnahme. Die **Rheinufer** sind fast durchgängig von gut befahrbaren Radwegen gesäumt, gastronomisch erschlossen und die Landschaft ist schön.

Hübscher als die Rheinstrecke nach Norden – welche am Bonner Hafen und kleineren Industriegebieten vorbeiführt – ist allerdings die nach Süden: am besten linksrheinisch vom Zentrum aus an der Rheinaue entlang, am Bad Godesberger Villenviertel vorüber, oft unter Bäumen und fast immer ohne Autos. In kurzen Abständen stößt man auf Restaurants wie das Rheinhotel Dreesen oder das berühmte Weinhäuschen in Mehlem mit österreichischer Küche. Wenn ihr die langgezogene Rheininsel Nonnenwerth erblickt, habt ihr bereits die Grenze zu Rheinland-Pfalz erreicht, die mitten durch die Insel führt. Am Bahnhof Rolandseck könnt ihr schon wieder einkehren oder das Hans-Arp-Museum besuchen. Und das alles auf nur 13 Kilometern!

Wer auf Mountainbiking und schweißtreibendere Routen steht, wird im nächsten Unterkapitel fündig, wenn es um Walderfahrung und gebirgigere Wege geht.

--> Alles zu Fahrradläden, Werkstätten und Innenstadtverkehr auf zwei Rädern kannst du im Kapitel „Von A nach B" auf S. 65 nachlesen.

Dirtbike

In Dottendorf gibt es, ein wenig versteckt hinter Häuserreihen und einem Sportplatz, einen **Dirtbike-Park**. Du fährst an der Kessenicher Straße 248 in den F.-A.-Schmidt-Weg, biegst am Ende links ab, vorbei an ein paar Garagen, dann bist du da.

www.sturmvogel-bonn.de --> Dirtbike --> Dirtbikeplatz

Wandern

Bonn liegt am Siebengebirge, in unmittelbarer Nachbarschaft zur Eifel und zählt mit dem Kottenforst einen großen Wald zu seinem Stadtgebiet – drei Gründe, sich als Wanderfreund keine Sorgen um immer neue und reizvolle Routen zu machen.

Siebengebirge

Das Siebengebirge ist das größte zusammenhängende Naturschutzgebiet Nordrhein-Westfalens, durch das 200 km Wanderwege führen: zu Burgruinen, durch malerische Waldtäler und auf Gipfel mit herrlichem Panorama. Von Bonn aus gelangst du z.B. mit dem Schiff (Weiße Flotte Rhein, Bonner Personen Schifffahrt e.G.) ins Siebengebirge. Da ist die Schifffahrt schon ein Erlebnis an sich und vom Oberdeck aus bieten sich schöne Fotomotive.

Einer der schönsten und beliebtesten Wanderwege ist der gut markierte **Rheinsteig**, auf dem man von Bonn bis nach Wiesbaden laufen kann. Auf dem Weg liegen der **Drachenfels**, die **Löwenburg-Ruine** und die **Erpeler Ley** – diese drei Hauptattraktionen des Umlands könnt ihr

Ausblick vom Drachenfels

natürlich auch einzeln auf kleineren Ausflügen ansteuern. Ihr startet einfach in einem der Rheinorte westlich des Siebengebirges und steigt durch eines der vielen schönen Täler auf den Berg.

Den Drachenfels könnt ihr sogar ganz bequem mit der Zahnradbahn erklimmen. Aber spätestens beim Abstieg solltet ihr einen Zwischenstopp bei **Schloss Drachenburg** einlegen. --> s. „Sonntage", S. 175

Immer wieder gibt es im Siebengebirge kleine, feine Dinge wie z.B. den **Drei-Seen-Blick** zu entdecken: Hierbei handelt es sich nicht etwa um einen Aussichtspunkt mit Blick auf drei Seen (wie man denken könnte), sondern von diesem Aussichtspunkt aus kann man an drei Stellen zwischen den Bergen den Rhein erblicken. In der Morgendämmerung und bei Sonnenuntergang erinnert der Anblick an ein Caspar-David-Friedrich-Motiv.

Für den Aufstieg zum **Ölberg** wird man ebenfalls mit einer traumhaften Aussicht belohnt und kann sogar noch in einem schönen Café einkehren. Ein anderer besonders schöner Wanderweg führt durch das Nachtigallental. Und Teile des Siebengebirges können auch hoch zu Ross erkundet werden.

Auch Freunde der GPS-Schnitzeljagd kommen im Siebengebirge voll auf ihre Kosten. Zahlreiche „Geocaches" wurden hier sorgfältig versteckt und warten nur darauf, gefunden zu werden. Falls du also mal Leute sehen solltest, die sich plötzlich ohne Vorwarnung in die Büsche schlagen oder ungewöhnlich lange einen Baum anstarren, nicht wundern!

Viele Infos zu Routen, Sehenswürdigkeiten und Stadtrundgängen findest du auf: www.siebengebirge.de

Eine Karte des Siebengebirges und alle für Wanderer und Radler wichtigen Punkte gibt's hier: www.siebengebirge.de
--> Wandern & Radfahren

Eifel

Bei den alten Hasen im Wandergeschäft steht die Eifel deutlich höher im Kurs als das Siebengebirge, einfach schon deshalb, weil sie ungleich größer und weniger touristisch ist. Da die geografische Eifel ein Gebiet von Koblenz bis Aachen und von Köln bis Trier umschließt, geht man als Bonner natürlich nicht in die ganze Eifel wandern, sondern bezieht das Wort vor allem auf zwei Ausflugsziele, die attraktiv und nicht ganz so weit entfernt sind: das **Ahrgebirge** (40 km südlich von Bonn) und den **Nationalpark Eifel** der westlich von Bonn bei Heimbach beginnt. www.nationalpark-eifel.de

--> Tipp: Das ganze Jahr über gibt es kostenlose Führungen durch den Nationalpark Eifel

Kottenforst

Gerade Neu-Bonner sollten nicht den Kottenforst im Westen der Stadt vergessen. Längst nicht alle Wege sind am Wochenende so gut besucht, wie diejenigen im Umkreis der „Waldau": Der Kottenforst ist sehr viel größer als dieses bei Sonntagsspaziergängern so heißbegehrte Areal. Genaue Informationen findest du z. B. im Buch von Werner P. D'hein: „Kottenforst. 13 Wanderungen durch eine historische Kulturlandschaft" (Gaasterland Verlag).

Grillen

Ob vegetarisch oder als Werwolfdiät – kollektives Grillen macht immer Spaß. Ein Feuer gehört allerdings schon dazu – und mit dem Feuer kommen in der Stadt auch schon die Probleme. In Bonn herrschen – wie in den meisten anderen Städten auch – strenge Auflagen, wo man ein offenes Feuer machen darf und wo nicht. Allerdings habt ihr hier einen buchstäblich riesigen Vorteil: die **Rheinaue**.

Dieser hügelige, vielfältig bepflanzte und genutzte Park mit seinen 160 ha ist annähernd so groß wie Bonns Innenstadt und immerhin fast halb so groß wie der New Yorker Central Park. Die Rheinaue ist das Herz des Bonner Sommers. Hier gibt es Rasen- und Wasserflächen, einen Japanischen Garten und einen Blindengarten, Biergärten, Tretboote, Sportplätze, Minigolf, Konzerte, Gartenanlagen, Kunst, ein Bienenhaus, wilde Kaninchen – und natürlich Grillplätze:

Im **Freizeitpark Rheinaue** (so der offizielle Name) darfst du an genau zwölf Plätzen ohne Reservierung grillen. Die Grillplätze sind gemauerte Feuerstellen, in der Regel mit Rost. Es ist verboten, sich beim Grillen durch „Tonanlagen aller Art" beschallen zu lassen. Eine Alternative stellt wohl nur die selbstgezupfte Klampfe dar. Die genauen Positionen der Grillplätze findest du auf dem Rheinauen-Plan, den du hier runterladen kannst:

www.bonn.de --> Tourismus & Kultur
--> Parks und Gärten
--> Freizeitpark Rheinaue

Außerhalb der Rheinaue darfst du an diversen Grill- und Schutzhütten ganz offiziell ein Feuer machen. Diese befinden sich jedoch überwiegend in der Umgebung von Bonn.

Noch innerhalb des Stadtgebietes kann man im westlich gelegenen Hardtbergwald im Ortsteil Duisdorf (Wesselheideweg) für 65 Euro pro Tag gleich einen ganzen Grillpark mieten, der auch den logistischen Ansprüchen von Großgrillern genügen dürfte: Der **Grillplatz der Waldfreunde Bonn-Duisdorf** wartet mit 17 Tischen, 160 Sitzplätzen und drei Toiletten (ohne Trinkwasserleitung) auf. Wer da

den Überblick verliert und die Koteletts verkohlen lässt, kann praktischerweise gleich gegenüber in die Gaststätte **Zur Tränke** (Wesselheideweg 101) ausweichen. www.waldfreunde-duisdorf.de

--> Grillplatz

Wer es familiärer und billiger mag, kann den beliebten **Grillplatz am Sportplatz Oberer Lyngsberg** in Bad Godesberg anpeilen, der ohne Kosten oder Reservierung benutzt werden kann, daher aber auch oft belegt ist. Die Hütte liegt in einem kleinen Waldstück am Sportplatz im Ortsteil Heiderhof (Philosophenring). Wer zwischen den (Tofu-)Würstchen also gerne mal eine Runde kicken möchte, ist hier bestens aufgehoben.

Eine weitere Feuerstelle innerhalb Bonns ist die malerisch an einem Waldsee gelegene **Schutzhütte Am Hardtweiher** im Ennert im Beueler Ortsteil Holzlar. Bis man hier feiern kann, sind allerdings einige Formalitäten zu erledigen: „Benutzungsvertrag" unterschreiben, 40–80 Euro plus Kaution zahlen und um 21.00 Uhr sollte der Spaß auch schon wieder vorbei sein.

Weitere offizielle Grillplätze befinden sich außerhalb des Stadtgebiets, aber immer noch in deiner Nähe: in Königswinter, Alfter, Rheinbach und Wachtberg. Eine genaue Auflistung aller Grillplätze mit den Kontaktdaten der Ansprechpartner findest du unter: www.bonn.de --> Suche: Grillplätze in Bonn und Umgebung

Inoffizielle Grillplätze gibt es natürlich überall ... Während man es sich aber vielleicht nicht gerade auf der Hofgartenwiese im Holzkohlenrauch bequem machen sollte, sieht man im Sommerhalbjahr sehr oft gemütliche Lagerfeuer- und Grillzirkel am Rheinufer. Besonders bei niedrigem Wasserpegel, wenn die Sand- und Schotterbänke aufgetaucht sind, lassen sich Grüppchen an beiden Rheinufern in Höhe der Rheinaue darauf nieder. Bäume und Sträucher schützen zumindest abschnittsweise vor neugierigen Blicken, die Aussicht ist schön und Treibholz findet man immer.

Bonn endlich

endlich

endlich

dlich

Bonn

Picknicken

Bonns Grünflächen erstrecken sich über fast ein Zehntel der Stadt-fläche. Außer der Rheinaue zählen kleinere und größere Parks wie der Hofgarten oder der Botanische Garten, aber auch bewachsene Abschnitte am Rheinufer, Friedhöfe, große Waldgebiete wie der Kottenforst und kleinere Wiesen im Stadtinneren dazu. Beinahe alle diese Grünflächen sind nutzbar, gepflegt und idyllisch, kurz: zum Picknicken und Wohlfühlen wie gemacht – egal, ob mit Freunden oder nur mit einem Buch.

Der **Hofgarten** hinter dem Hauptgebäude der Uni ist nicht nur Bonns berühmteste Grünfläche (spätestens seit der dort abgehalte-nen Großdemo gegen den NATO-Doppelbeschluss 1983), sondern auch eine der meistbesuchten, besonders von Studenten. Der Rasenplatz zwischen den Alleen ist groß genug zum Kicken und für andere Wiesensportarten. Nebenan am Kaiserplatz parkt im Som-mer vor der Kreuzkirche der **Café-Roller**, eine mobile Cafébar, die dein Picknick mit Croissants und erlesenen Heißgetränken berei-chern könnte. www.cafe-roller.de

Wenn die Hofgartenwiese zu voll wird, kannst du auch weiter in Richtung Rhein auf andere Rasenflächen ausweichen. **Am Alten Zoll** – einem Festungsbau am dortigen Brassertufer – wird im Som-mer auch ein Biergarten unter einer riesigen Platane betrieben, der zu den schönsten der Umgebung gehört. In einem Rundbau dane-ben befinden sich Toiletten. Und auf dem Platz davor kann man Boule spielen.

Das **Beueler Rheinufer**, das übrigens offiziell teilweise zur Rheinaue gezählt wird, bietet über weite Strecken – besonders nördlich der Combahnstraße und südlich der Ringstraße – Wiesen, Parkanlagen und wassernahe Schotterbänke, auf denen man sich friedlich niederlassen kann.

Je weiter du dich vom Beueler Zentrum entfernst, desto kärglicher fallen zwar auch die gastronomischen Picknickergänzungsmöglichkeiten aus. Dafür wird man aber, je näher man der Rheinaue kommt, mit umso mehr offener und gemähter (aber nicht ganz ebener) Rasenfläche belohnt, um den sportlichen Seiten des Picknicks zu frönen. Wer bis in die Dämmerung hinein picknickt, sollte darauf gefasst sein, dass er seinen Rasenabschnitt mit furchtlosen Wildkaninchen teilen muss, die hier ihre Baue haben und abends in ganzen Sippen über die Wiesen hoppeln.

Wer sich weder am Rhein noch auf städtischem Rasen, sondern in der Wildnis eines Waldes niederlassen will, der kann das z.B. in Bonns großem Stadtwald, dem **Kottenforst** tun. An seinem Nordrand (Ortsteil Ippendorf) liegt die Waldau, die wegen eines großen Spielplatzes und eines Wildgeheges bei Familien mit Kindern hoch im Kurs steht. Gerade am Wochenende ist es hier daher mit der Idylle nicht weit her. Der Mischwald ist aber insgesamt gut erschlossen und beschildert und es gibt zwei Schutzhütten, die sich für eine (scheinbare) Landpartie mit Picknick und Spaziergang vorzüglich eignen.

Auch wenn's ums Picknicken geht, kommt man nicht drum herum, die (linksrheinische) **Rheinaue** zu empfehlen. Egal, ob es sich um ästhetische Qualitäten, also Natur und Panorama, Infrastruktur (Gastronomie, WCs) oder Raum und Gelegenheiten für sportliche Aktivitäten handelt – in der Rheinaue wirst du mit all dem eben ausgezeichnet versorgt.

So

Schnee Schnee
Schnee Schnee
Schnee
Schnee
Schnee
Schnee
Schnee
Schnee
Schnee

Der Bonner Winter zeigt sich nicht immer von seiner Bilderbuchseite, denn Väterchen Frost besucht die ehemalige Bundeshauptstadt leider nicht allzu oft. Durch die geographische Lage im Rheintal (Kessellage) ist es hier oft ein paar Grad wärmer als im Umland. Wenn drumherum schon eine dicke Schneehaube auf den Autos liegt, reichen die Temperaturen hier gerade mal für Schneematsch. Klarer Vorteil: In Bonn musst du weniger schaufeln und kratzen!

Mit den harten Wintern 2009/2010 und 2010/2011 hat die dunkle Jahreszeit allerdings bewiesen, dass sie auch der Stadt am Rhein die kalte Schulter zeigen kann. Du solltest also mit allem rechnen und dich als Rheinländer in spe sowohl über milde als auch typische Winter freuen. Nimm et einfach, wie et kütt!

Ab ins Warme

Hallenbäder

Draußen wechseln Nieselregen und morgendliche Nebelsuppe einander ab? Wenn du das Matsche-Winter-Chaos mal ausblenden und wieder wissen willst, wie sich Wärme und wohliges Plätschern anfühlen, dann geh schwimmen – und zwar in einem der (leider gar nicht mehr so vielen) Schwimm- und Erlebnisbäder in und um Bonn.

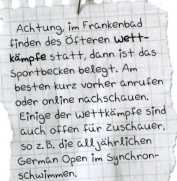

Achtung, im Frankenbad finden des Öfteren **wettkämpfe** statt, dann ist das Sportbecken belegt. Am besten kurz vorher anrufen oder online nachschauen.
Einige der Wettkämpfe sind auch offen für Zuschauer, so z.B. die alljährlichen German Open im Synchronschwimmen.

Im Bonner Zentrum fällt die Wahl schnell auf das **Frankenbad** (Adolfstr. 45). Im 15 x 25 m großen Sportbecken kannst du deine Bahnen ziehen; und wenn dir dort mal zu viel Betrieb ist, weichst du einfach in das angrenzende Mehrzweckbecken aus. Das ist nämlich nur unwesentlich kleiner.

Das **Hardtbergbad** (In der Dehlen) ist kleiner als das Frankenbad (Becken: 12,5x25 m) und (für die meisten) nicht so schnell zu erreichen. Dafür ist es das höchstgelegene Bad in Bonn mit einer großartigen Aussicht. Die Buslinie 630 bringt dich hin!

Für die Bewohner „op de Schäl Sick“ (also auf der Beueler Seite) gibt es noch die **Beueler Bütt** (Goetheallee 29–35, Becken: 12,5x25 m), die nach Sanierung im Herbst 2018 wieder eröffnet hat. Die großen Panoramafenster sorgen für helles Ambiente und freitags ab 18 Uhr lässt man mit 1a-Soundanlage die Woche musikalisch ausklingen.

Im **Kurfürstenbad** in Bad Godesberg kann man derzeit nicht schwimmen. Das Bad ist auf unbestimmte Zeit geschlossen. Ein von der Stadt neu geplantes **Wasserland** wird aber wohl auch nicht gebaut, da der Bürgerentscheid im August 2018 dies gestoppt hat. Die Zukunft der Bonner Hallenbäder ist daher zum Redaktionsschluss (August 2018) völlig offen. **Aktuelle Infos** zu allen Hallenbädern auf: www.bonn.de --> Tourismus & Kultur, Sport & Freizeit --> Bonner Bäder

Wer einen kleinen Ausflug ins benachbarte Niederkassel nicht scheut, kann auch im **Helmut-Loos-Bad** in Niederkassel-Lülsdorf (Berliner Str. 33, 53859 Niederkassel) ausgiebig im Wasser plantschen. Hier kannst du dich auf vier 25-Meter-Bahnen verausgaben und vom Ein- und Dreimeterbrett hopsen. www.niederkassel.de --> Bildung, Kultur, Freizeit --> Freizeit --> Sportstätten --> Helmut-Loos-Bad

Erlebnisbäder

Für einen richtigen Ausflug eignen sich die Erlebnisbäder in der Umgebung, z.B. das **Aggua Troisdorf** (Aggerdam 22, 53840 Troisdorf) mit seiner 80 m langen spektakulären Black Hole Riesenrutsche samt Licht- und Soundeffekten im Dunkeln. Außerdem gibt es viele

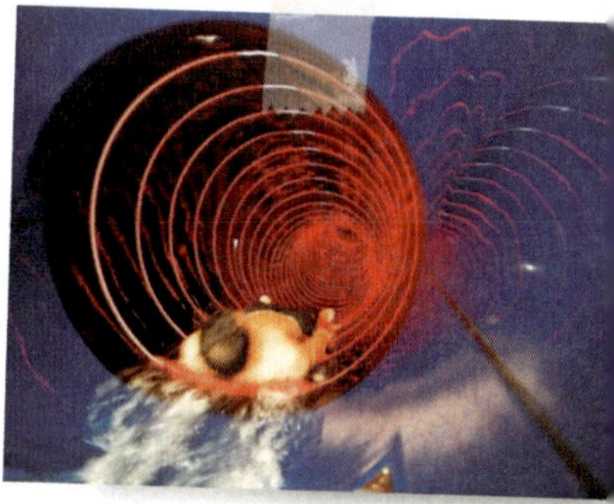

verschiedene Becken mit Strudeln und Blubberblasen in allen Variationen. www.aggua.de

Randbezirkler können auch im **HallenFreizeitBad Bornheim** (Rilkestr. 3, 53332 Bornheim) ihre Bahnen ziehen. Hier gibt es Wasserrutschen, Matschecken und ein Dampfbad. Eine schöne Auswahl verschiedener Saunen wartet außerdem auf dich: Probier doch mal die Erdsauna, die Kelosauna oder die Loftsauna aus!
www.stadtbetrieb-bornheim.de

--> HallenFreizeitBad

Thermen

Für jeden Geschmack hat das **monte mare Rheinbach** (Münstereifeler Str. 69, 53359 Rheinbach) 20 km von Bonn entfernt, etwas zu bieten. Hier warten Whirlpool, Wellenbad und 25-Meter-Becken. Das Tüpfelchen auf dem i: ein 10 m tiefes Indoor-Tauchzentrum.
www.monte-mare.de

Das Rundum-Wohlfühl-Paket mit Schwimmen, Schwitzen und Wellness bekommst du in der Thermal-Badelandschaft im **Ahr Resort** (Felix-Rütten-Str. 3, 53474 Bad Neuenahr-Ahrweiler). Das ist zwar etwas weiter weg (schon in Rheinland-Pfalz), dafür badest du in gesundheitsförderndem Mineralwasser aus den Ahr-Thermen.

Im Winter haben die dampfenden, grün und blau beleuchteten Außenbecken etwas Mystisches und Beruhigendes. Obendrauf gibt's eine riesige Saunalandschaft und einen ganzen Katalog voller Anwendungen rund um Körper und Geist. Wenn du dich also mal nach etwas Extravaganz und Entspannung sehnst, solltest du dir den (zugegeben nicht billigen) Spaß gönnen! www.ahr-thermen.de

Wellness

Im **Juba Wellness Tempel** (Adenauerallee 148) kannst du dich ebenfalls in diversen Saunen entspannen. Wenn du einen besonders nebligen Novembertag zur Abwechslung einmal zum Höhepunkt des Jahres machen möchtest, starte am besten mit Spa & Wellness: ein großes Hotelfrühstück und danach eine wohltuende Massage (auch extra für werdende Mütter). www.jubawellnesstempel.de

Im **Robinson Wellfit Bonn** (Mallwitzstr. 24) werden Körper und Seele auf Vordermann gebracht. Melde dich für einen der vielen Kurse an, lass deinen verspannten Rücken massieren oder häng ein bisschen in der Sauna oder dem Dampfbad rum.
www.robinson-wellfit-bonn.de

Noch mehr Sauna und Wellness bekommmst du im **Wellpoint Niederkassel** (Rheidter Str. 17, 53859 Niederkassel). Hier kannst du in mehreren Solarien und Saunen entspannen und nebenher noch verschiedene Fitnesskurse buchen. www.well-point.de

Oder du stattest dem **Saunapark Siebengebirge** (Dollendorfer Str. 106–110, 53639 Königswinter) einen Besuch ab. Der liegt zwar etwas weiter weg, dafür aber in malerischer Umgebung. Hier kannst du schöner schwitzen mit Menthol-Kristall-Aufguss, Früchte-Eis-Aufguss oder einem mit dem wohlklingenden Namen Primavera, um nur einige Beispiele zu nennen. Ein Hallen- und ein Freibad gibt es hier ebenfalls und du kannst kneippen oder dir tolle Massagen angedeihen lassen. www.saunapark-siebengebirge.de

Sport im Trockenen

Gut festhalten! Tipps für Kletterwütige

Im **Boulders Habitat** (Siemensstr. 20) wird geklettert – und zwar ohne Seil. Wenn du (noch) keine Kletterschuhe hast, kannst du hier welche ausleihen und darfst dich dann von Mo-Fr von 9 –24 (Sa/So bis 22 Uhr) Uhr die schön geschraubten Routen entlanghangeln.
www.bouldershabitat.de

Alpenfeeling ist beim Klettern oder Bouldern in der **Arena Vertikal** (Am Junkersring 3, 53844 Troisdorf) im 10 km von Bonn entfernten Troisdorf garantiert. Wenn du noch keine Kletterausrüstung hast, kannst du sie auch vor Ort leihen oder gleich kaufen.
www.arenavertikal.de

Eine nicht weniger herausfordernde Alternative findest du übrigens im ca. 15 km entfernten Wesseling bei **Bronx Rock** (Vorgebirgsstr. 5, 50389 Wesseling). Neben einem Boulderbereich gibt es hier vor allem eine sehr große, bis zu 16,50 m hohe Kletterhalle. Regelmäßig werden neue Routen geschraubt, so dass es auf keinen Fall langweilig wird!
www.bronxrock.de

Badminton, Indoorsoccer & Co.

Wer Hallenbad sagt, muss auch Hallensport sagen! Wenn du nicht noch stundenlang durch den Schneematsch radeln möchtest, freust du dich über Adressen, die gleich mehrere Angebote unter einem Dach vereinen.

So die **Sportmeile** (Otto-Hahn-Str. 96) in Buschdorf. Sie bietet alles, was das Sportlerherz begehrt: Indoorsoccer, Beachvolleyball, Badminton und alle möglichen Fitnessgeräte. Da haben Regen, Schnee und Eis keine Chance, dem Vergnügen im Weg zu stehen. www.soccermeilebonn.de

Austoben kannst du dich auch im **Phoenix Badminton-Center** (Pützchens Chaussee 202). Hier warten sechs Courts auf dich, die du auch online buchen kannst. Trockensauna, Tauchbecken und Dampfbad gibt's gegen Aufpreis noch dazu. www.badminton-center.de

Bei **Squash & Tennis** (Am Herz-Jesu-Kloster 15) sind Squash- und Tennisspieler genauso richtig wie Liebhaber der finnischen Sauna. www.squash-tennis-puetzchen.de

Auch im **Sport Aktiv** (Reutherstr. 22, 53773 Hennef) in Hennef kannst du beherzt den Schläger schwingen oder aber eine Runde Indoorsoccer wagen. www.tzrs.de

Bowling & Kegeln

Das einzige Bowling-Center auf Bonner Boden hat leider seine Türen geschlossen. Aber im 10 km entfernten Bornheim wirst du fündig: Das **pinup Bowling-Center** (Johann-Philipp-Reis-Str. 7, 53332 Bornheim) bietet viele Specials und Aktionen rund um die zehn Pins. www.pinup-bowling.de

Wenn du Rechtsrheiner bist, geht es jedoch schneller in die **Bowling Arena Spich** (Heinkelstr. 1, 53844 Troisdorf) im 10 km von Bonn entfernten Troisdorf. www.bowling-arena-spich.de

Du möchtest lieber ganz klassisch kegeln gehen? Na dann los! Das kannst du beispielsweise im **Gasthaus Nolden** (Magdalenenstr. 33) in Bonn Endenich, wo gleich vier Bahnen auf dich warten. www.gasthaus-nolden.de --> kegelbahnen

Oder du stattest dem **Gustav-Heinemann-Haus** (Waldenburger Ring 44) in Tannenbusch einen Besuch ab. Die Kegelbahn hier ist sogar barrierefrei und somit auch für Rollstuhlfahrer und sehbehinderte Menschen geeignet. www.ghh-bonn.de --> Angebote
--> Freizeit
--> kegelbahn

Billard

Zugegeben, Bonn ist nicht gerade ein Billardmekka. Aber die eine oder andere Gelegenheit, mit der Queue den grünen Filz zu streicheln, findet sich dann doch. In der Kneipe **Musiktruhe** (Maxstr. 40) beispielsweise. Während der Partie lauschst du Blues- und Rock-Klängen und bestellst nebenher noch leckeres Essen aus dem Restaurant Weihers Eck (Maxstr. 31), das dir praktischerweise direkt an den Tisch geliefert wird. www.musiktruhe-bonn.de

Oder du machst es gleich ganz seriös und meldest dich beim **Pool Billard Sport Club** (Fraunhoferstr. 8, Eingang C) an. Schnuppern gefällig? Das geht jeden ersten Donnerstag im Monat ab 18.30 Uhr. Gut Stoß! www.pbsc-bonn.de

Indoor-Wintersport

Eine klassische Eissporthalle mit jeder Menge Platz - nämlich 1.800 m² - ist der **ICEDOME Troisdorf** (Uckendorfer Str. 135, 53844 Troisdorf), der etwa 10 km vom Bonner Stadtzentrum entfernt ist. Schlittschuhe gibt's natürlich vor Ort zu mieten. Und wenn du noch abge-

wetzte Schlittschuhe zu Hause hast, kannst du die hier wieder frisch schleifen lassen. www.eissporthalle-troisdorf.de

Alternativ dazu können wir dir die **Eissporthalle Bergisch Gladbach** (Saalerstr. 100, 51429 Bergisch Gladbach) im 40 Minuten entfernten Städtchen ans Herz legen. Freitags 20-22 Uhr und Sa-So 16 - 19 Uhr ist Eis-Disco! www.eissporthalle-bergisch-gladbach.de

Wenn du indoorskifahren möchtest, musst du noch ein Stück weiter fahren. Nämlich ungefähr ein Stündchen bis nach Neuss in die **Jever Fun Skihalle** (An der Skihalle 1, 41472 Neuss). Hier kannst du Ski- und Snowboardkurse für alle Level buchen und ebenso von sanften Hängen wie von steilen Hügeln runterwedeln. Noch nie auf den Brettern gestanden? Eine 100 m lange Anfängerpiste gibt es hier auch! www.allrounder.de --> Skihalle

Hochschulsport

Hochschulsport? Was kann man denn da so machen? Akrobatik, Bachata, Capoeira, Deep Work, Entspannungs- oder auch Faszien-Training, gesundheitsorientierte Gymnastik, Handball, Indoor Cycling, Jiu-Jitsu, Karate, Lacrosse, Original Bootcamp, Pilates, Salsa, Taekwondo, Ultimate Frisbee, Volleyball, XCO, Yoga, Zumba.

Und Achtung: Diese Liste ist alles andere als vollständig! Glücklich, wer da Studierender oder Angehöriger der Uni Bonn ist! www.sport.uni-bonn.de

Draußen im Winter

Wenn dann also tatsächlich mal die dicken weißen Flocken vom Himmel fallen, hält es garantiert keinen mehr im Haus und ganz Bonn ist draußen unterwegs. Hier eine Auswahl an Möglichkeiten, wie du im Bonner Winter bei Schnee und Eis glücklich wirst:

Ganz profan, aber trotzdem sehr wirkungsvoll, fangen wir mal mit einem Spaziergang durch die verschneite Beethoven-Stadt an. Gerade an den Bonner Rheinufern lässt es sich gut abschalten, wenn du mal eine Pause vom Lern- oder Arbeitsstress bei verbrauchter Heizungsluft nötig hast. Auf der Beueler Seite kannst du morgens und mittags sogar durch eine fast menschenleere und märchenhafte Landschaft stapfen.

Skifahren

Eins sollte dir von vornherein klar sein: Bonn ist kein Skifahrerparadies mit schwarzen Pisten und rauschenden Après-Ski-Partys. Zwar liegen in direkter Umgebung die Mittelgebirge Eifel und Westerwald, allerdings musst du dorthin schon einige Kilometer fahren und Schneegarantie gibt es hier auch nicht. Viele Bonner reisen daher direkt gen Süden nach Bayern oder Österreich in die schneesicheren Alpen, wenn sie mal richtig skifahren wollen.

Aber einige Möglichkeiten bieten sich auch in der nähren Umgebung, z.B. am **Schorrberg** (56470 Bad Marienberg, ca. 90 km von Bonn). Hier stehen dir zwei Abfahrten mit Flutlicht zur Verfügung, falls du mal später anreist. Skikurse kannst du vor Ort natürlich auch buchen. www.scbmu.de --> Skischule

Auch der **Salzburger Kopf** (56479 Rennerod, ca. 85 km von Bonn) im Westerwald ist die Reise wert. Hier kannst du ebenfalls am Abend unter Flutlicht die Skistöcke schwingen und Kurse buchen. www.wsv-salzburgerkopf.de --> Ski- & Snowboardschule

Ganz klassisch fährt der Bonner zum **Schwarzen Mann** (54608 Sellerich, ca. 110 km von Bonn). Und warum auch nicht? Das Skigebiet wartet mit zwei Abfahrtspisten, zwei Schleppliften, einer Rodelbahn und Langlaufloipen auf. Da ist für jeden was dabei. www.eifel.info
--> Ausflugsziele --> Aktivitäten --> Winter in der Eifel

Oder mach dich auf Richtung **Hohe Acht** (53520 Kaltenborn, ca. 60 km von Bonn) in der Eifel. Dort kannst du als Anfänger und Fortgeschrittener die immerhin blauen und roten Pisten rocken. Es warten Abfahrtshänge, moderne Liftanlagen, präparierte Pisten und eine Langlaufschule. Rodler oder Menschen, die Schnee-Wanderungen genießen wollen, sind vor Ort aber ebenfalls genau richtig. Wenn es dir nicht zu weit ist, winkt übrigens auch das Sauerland mit viel Fahrspaß für Schneehasen. www.eifel.info
--> Ausflugsziele --> Aktivitäten --> Winter in der Eifel

Eine übersichtliche Liste zu den Skipisten von Eifel, Westerwald und Sauerland gibt's unter: www.skiresort.de

Rodeln

Die Lieblings-Wintersportart der Bonner ist das Rodeln. Denn das lässt sich jederzeit an vielen verschiedenen Orten stadtnah betreiben und so gut wie jeder hat irgendeine Konstruktion im Keller, mit der man den Berg hinunter kommt.

Am beliebtesten ist natürlich die Rheinaue – manchmal hat man den Eindruck, dass ganz Bonn sich dort versammelt. Das ist eher etwas für den nahegelegenen, kurzweiligen Fahrspaß und die Pänz – anderswo auch Kinder genannt. --> s. Kapitel „Sprachregeln", S. 249

Weitere recht harmlose Möglichkeiten zum Rodeln gibt's auch bei **Königswinter** an der Hirschburg oder am Weilberg und in **Siegburg** (beides ca. 15 km von Bonn entfernt) am Michaelsberg (unterhalb des Klosters).

Etwas anspruchsvoller ist dagegen die Rodelpiste an der Drachenfelsstraße beim Golfplatz in **Sankt Augustin-Niederberg** (ca. 13 km von Bonn).

Richtige Könner wagen sich ins Siebengebirge und zwar zum **Löwenburger Hof** (ca. 23 km von Bonn). Dort kommt man gut mit dem Bus hin und kann vorher sogar über die Webcam die Wetterlage checken. Kulinarisch bestens versorgt seid ihr dort dank der Waldwirtschaft Löwenburger Hof (Löwenburger Str. 30, 53639 Königswinter) ebenfalls. www.loewenburger-hof.de

Du hast die gerötete Schniefnase voll von Skifahren und Snowboarden? Dann solltest du mal **Schneeschuhlaufen** ausprobieren – geht auch super im Sauerland! Hier kannst du die lustigen Treter ausleihen:

Touristik-Gesellschaft Medebach
Marktplatz 1, 59964 Medebach
www.medebach-touristik.de

Skiverleih Wemhoff
Astenstr. 7, 59955 Winterberg
www.sport-wemhoff.de

Auch eine Fahrt ins Sauerland lohnt sich rodeltechnisch: Hier gibt es wunderschöne Schneekulissen, echte Abhänge und jede Menge Möglichkeiten, sich die nötigen Gerätschaften auszuleihen.

Da wären beispielsweise der 90 km entfernte **Weiße Stein** in der Eifelgemeinde Hellenthal. Die Abfahrtspiste ist 500 m lang und die Rodelstrecke bringt es immerhin

auch auf 350 m. Rauf kommst du mit dem Ankerlift. Du kannst vor Ort ganz viele Sachen mit S ausleihen: Skier, Stöcke, Schuhe, Snowboards und Schlitten. Einen Schlitten zu leihen kostet dich 8 Euro pro Tag. www.hellenthal.de --> Tourismus --> Wintersport

Auch ca. 110 km entfernt, am **Schwarzen Mann** bei Prüm, lässt es sich herrlich rodeln. Einen Schlitten ausleihen kannst du hier außerdem – ebenfalls für 8 Euro am Tag.
www.skiverleih-schwarzermann.de

Eislaufen

Die Eisbahn, die bis vor einiger Zeit noch auf dem Museumsplatz war, ist nun in den Stadtgarten umgezogen (das ist eine Freifläche beim Alten Zoll) und heißt jetzt **BonnIce am Stadtgarten**. Nach wie vor zahlst du Eintritt und Leihgebühren für Schlittschuhe. Unter dem Zeltdach bleibst du im Falle eines Falles trocken. Bei diesem schönen Beinahe-Open-Air-Event kommen sowohl Profis als auch Kufen-Amateure auf ihre Kosten. www.bonnice.de

Weihnachtszeit

Weihnachtsmärkte

Obligatorisch heißt es ab November: ab auf den Weihnachtsmarkt! Dieser beginnt in der Innenstadt immer am Freitag vor Totensonntag und ist in der Weihnachtszeit so ziemlich das höchste der Gefühle. Ob Mittagspause, Geschäftstreffen, Kaffeeklatsch, Verabredung oder Seminar – der Bonner ist in der Lage, so ziemlich alles, was in die besinnliche Zeit fällt, auf den Weihnachtsmarkt zu verlegen. Meistens sind die Glühweinstände ein beliebter Treffpunkt für die rheinischen Frohnaturen. Erstere gibt's hier mehr als genug, letztere sowieso.

Der Markt erstreckt sich über die halbe Innenstadt vom Münsterplatz durch die Vivatsgasse und Windeckstraße bis hin zum Bottler- und Friedensplatz. Neben Handwerk, Geschenken und allerlei Klimbim ist natürlich auch durch jede Menge zuckrig-fettige Variationen für das leibliche Wohl gesorgt. Am besten nimmst du dir mal einen ganzen Abend Zeit und mampfst dich quer durch die Leckereien! Und wenn dann einmal alles zusammenkommt – dicke weiße Flocken, dampfender Glühwein, Anis, Ingwer

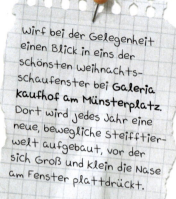

Wirf bei der Gelegenheit einen Blick in eins der schönsten Weihnachts-schaufenster bei **Galeria Kaufhof am Münsterplatz**. Dort wird jedes Jahr eine neue, bewegliche Steifftier-welt aufgebaut, vor der sich Groß und Klein die Nase am Fenster plattdrückt.

und der Blechbläserchor – dann fühlst du dich garantiert wie im tiefsten Winterwunderland! www.bonnerweihnachtsmarkt.de

Willst du in der kalten Jahreszeit mal gerne eine Stadtführung der anderen Art erleben, solltest du dir in der Weihnachtsmarktzeit im November und Dezember ein bisschen freie Zeit reservieren. Denn an vier bis fünf Terminen richtet die **Bonn-Information** (Windeckstr. 1) zum Ende des Jahres eine Stadtführung über den Bonner Weihnachtsmarkt aus. Hier kannst du so richtig in Mandelgeruch, Glühweingeschmack und besinnliches Schlendern und Bummeln eintauchen. Tickets gibt's bei der Bonn-Information. www.bonn.de --> Tourismus & Kultur --> Tourismus --> Tourist-Info

Für alle, die nicht auf den konventionellen Weihnachtskitsch abfahren und von Lametta und Co. genug haben, lohnt sich ein Besuch auf dem **Mittelalterlichen Weihnachtsmarkt** im ca. 15 km entfernten Siegburg. Der beginnt meist am letzten Novemberwochenende und dauert bis Weihnachten.

Du kannst dort für ein paar „Taler" Ausgefallenes aus vergangenen Zeiten kaufen oder den Spielleuten und Gauklern auf der kleinen Bühne zugucken. Auch das Essen ist klasse – zumindest für Nicht-Vegetarier: frisch gebackenes Brot aus dem Steinofen, heiße Maronen und ganz viel Fleisch. Mit Fackeln, Öllampen und Kerzen ist die erleuchtete Zeltstadt besonders abends ein Garant für eine stimmungsvolle Atmosphäre und am offenen Feuer finden auch Frostbeulen ein warmes Plätzchen. Kleiner Wermutstropfen: Natürlich ist auch dieser Markt in der Regel rappelvoll. Am besten früh oder nicht beim allerbesten Wetter hingehen.

www.mittelalterlicher-markt-siegburg.de

Lecker Weihnachten

Eine richtig klassische Bonner Weihnachtsspezialität gibt es nicht. Aber Köstlichkeiten, die in die Richtung gehen. Im **Caféhaus Kleimann** (Rheingasse 16–18) beispielsweise wartet wirklich guter Christstollen auf dich. Der hat zuletzt sogar die Goldmedaille des Deutschen Konditorenbunds gewonnen! Und hier kann man zudem Bonn-Souvenirs aus Schokolade und Marzipan erwerben, unter anderem das Bröckemännche! www.cafehaus-kleimann.de

--> s. Kapitel „Mythen"!

Draußen ist es nass und usselig – oder du hast einfach keine Lust mehr auf Schniefnase und Eisbeine? Um dich so richtig in Winterstimmung zu bringen und die dicken weißen Flocken mit dem entsprechenden Enthusiasmus begrüßen zu können, genießt du am besten eins der Schokoladen-Winter-Highlights im **Café Coppeneur** (Friedrichstraße 56) oder einen Gingerbread Latte oder Maple Moose Chai im **Fritz' Café** (An der Schlosskirche 4) in der Uni.

Eine gute Idee ist es sicher auch, dem **Bratapfelstand** auf dem Weihnachtsmarkt einen Besuch abzustatten. So ist weihnachtliche Stimmung zumindest schon mal kulinarisch garantiert!

Bonn endlich endlich endlich Bonn ...dlich

Musik Musik

Mus

abhorsten

DJan

abhorsten

abhorsten

Feiern

Feiern
Feiern

Musik
DJane
Club
Club
Club
Flirt-Faktor
Musik
Flirt-Faktor
Musik
Flirt-Faktor
Musik
Flirt-Faktor
Musik
abhorsten
Club
Musik

Viele sind der Meinung, Bonns Nachtleben gäbe lediglich etwas für Kneipenliebhaber und ruhige Abende her – und fahren gleich nach Köln, sobald es dunkel wird. Doch auch wenn Bonns nächtliches Programm tatsächlich vom direkten Nachbarn in den Schatten gestellt wird, ist es bunter als gemeinhin angenommen.

Und das Feiern in Bonn hat durchaus seine Vorteile: kein ewiges Schlangestehen, keine langen Wege (das gilt sowohl für das Tingeln zwischen den Clubs als auch für den Nachhauseweg) und anstelle von Großraum-Beschallung findet man hier eher Locations mit eigenem Charme. Ausgehen in Bonn, das heißt eben Qualität statt Quantität. Darum teste das Nachtleben in Bonn auf jeden Fall mal aus! Frei nach dem Motto: Warum in die Ferne schweifen, wenn das Gute liegt in Bonn – und sollte es für dich doch zu wenig Action bereithalten, bist du ja immer noch in einer halben Stunde in Köln.

Clubs, Plattenteller & Co.

Avy Rose (Bertha-von-Suttner-Platz 25): Der Club liegt mitten in der Bonner Innenstadt und ist in einen Bereich zum Tanzen und Abfeiern und einen Lounge-Bereich zum entspannten Zusammensitzen aufgeteilt. Ob „Black Music" oder „We Love 90ies", im Avy Rose finden einige angesagte Partys statt. Und jeden Mittwoch stehen hier ausgelassene Fachschafts- oder Studentenpartys auf dem Programm. www.facebook.de --> Avy Rose

BLA – BonnerLärmAnstalt (Bornheimer Str. 20–22 / Ecke Stadthaus): Wer es etwas robuster/rocklastiger mag, ist im BLA goldrichtig, ein weiterer Pluspunkt sind die günstigen Getränkepreise. Mit wechselnden Veranstaltungen und einmaligen Konzerten ist das BLA die wohl lauteste Kneipe Bonns. www.bla-bonn.de

Carpe Noctem (Wesselstr. 5): Der Keller-Tanzschuppen für alle, die es studentisch-relaxed mögen. Hier gibt's Indie, Party Classics, Pop

und auch mal RnB und House. Für viele Bonner ist das Carpe Noctem eine feste Institution. www.carpe-noctem-bonn.de

Das Nyx (Vorgebirgsstr. 19): Auch wenn es von außen nicht wie ein Tanzschuppen aussieht ... Das geht drinnen bestens und von der Sixties-Beat-Party über den Indie und Electro- oder Rock-Abend bis hin zum Poetry Slam hat das Nyx ein buntes und alternatives Programm für dich im Gepäck. Dabei geht es immer lässig und gemütlich zu. www.das-nyx.de

Das Sofa (Maximilianstr. 8): Wie der Name schon vermuten lässt, eine Location mit echter Wohnzimmeratmosphäre und dementsprechend viel heimeligem Schnickschnack und Kitsch an den Wänden und in den Ecken. Das Sofa hat aber viel mehr als nur unvergessliche Partynächte zu bieten, es ist eine

Mischung aus Nachtclub, Bar und Kunstgalerie. Und so finden hier neben 80er- und 90er-Partys, Salsa-Tanznächten, Depeche-Mode-Feten und einigen Mottopartys mehr auch Lesungen und andere kulturelle Events statt. www.club-sofa.de

Die Falle (Belderberg 15): Der ursprünglich 1968 eröffnete Club hat eine wechselhafte Geschichte mit einigen Unterbrechungen und Umbauten hinter sich. Heute ist der Club in warmes Licht getaucht, schick zurechtgemacht und bringt deine Beine vorrangig zu Dance, House und RnB zum Tanzen.

Jazz Galerie (Oxfordstr. 24): Wer in entspannter Atmosphäre und ohne obligatorischen Dresscode feiern möchte, ist in der Jazz Galerie genau richtig. Musikalisch gibt's für (fast) jeden Geschmack was

auf die Ohren: viel Rockiges, Pop, Dance Classics, Partyhits oder auch mal House. Neben Partyreihen und Discos finden hier auch immer wieder Konzerte statt. www.jazzgalerie-bonn.de

Kreuzberg Club & Kultur Bonn (Kasernenstr. 28): Hier liegt der Schwerpunkt auf Hip-Hop, House, Techno und anderem Elektronischen und es finden jede Menge abwechslungsreiche Partys statt. Die Location kommt definitiv großstädtischer daher als andere Bonner Clubs, denn hier gibt's ganz wie in den großen Metropolen eine Afterhour für alle, die von der Partynacht noch nicht genug haben. www.kreuzberg-club.wtf

N8Lounge (Franzstr. 41): Club mit „Underground"-Feeling und wechselnden Themen-Partys. Hier kennt man keine Genre-Scheuklappen: Völlig egal ob Electro, Goa, Hip-Hop, Trash-Party, Balkan-Beats, oder, oder ... alles ist möglich. Das liegt auch daran, dass jeder die N8Lounge für sein Partykonzept mieten kann. www.n8lounge.net

N8schicht (Bornheimer Str. 20–22): Mittwochs gibt's Futter für partyhungrige Studenten und ansonsten alles, was die Charts an Partymucke hergeben und je hergegeben haben. Da ist für (fast) jeden was dabei und dementsprechend bunt gemischt ist das Publikum. www.n8schicht.de

Pantheon (Siegburger Str. 42): Eigentlich ist es ein bekanntes Theater, aber regelmäßig lädt die Pantheon-Lounge auch zu grandiosen Cocktails und musikalischem Dialog: Elektro, Pop und Klassik

treffen live und spannungsvoll aufeinander! Aktuelle Infos zu den nächsten Terminen findest du hier: www.pantheon.de/programm

Untergrund (Kesselgasse 1): Von der Londoner Underground-Bahn inspirierte Location, die mit immer wieder verrückten Partyideen einen spaßigen Abend garantiert. So verwandelt sich beim „Piccadilly Circus" der komplette Laden inklusive seiner Mitarbeiter in einen wilden Zirkus und auf der „Intensivstation" wirst du mit Schnapsspritzen wieder aufgepäppelt. Auch musikalisch wird's bunt, egal, ob du auf Hip-Hop, Indie, Pop, 60ies-Soul oder anderes stehst, hier kannst du glücklich werden! Kein Wunder, dass es gerne mal rappelvoll wird! www.untergrund-bonn.com

Studi-Feten

Fast alle Bonner Clubs und Kneipen bieten entweder einmal wöchentlich oder zu Semesterbeginn und -ende spezielle **Studenten-Partys** an. Schau einfach bei der Location deiner Wahl nach und genieße die Vorteile des Studenten-Daseins.

Außerdem finden auch regelmäßig so genannte **Fachschaftspartys** statt, die von den einzelnen Fachschaften veranstaltet werden. Die zeichnen sich oft besonders durch tolle (Live-)Musik, faire Preise und Uni-Locations aus, die man sonst nicht im Partylicht erstrahlen sieht. Außerdem kennst du dort garantiert viele Leute – oder lernst neue kennen. Seit Jahren schon legendär ist z.B. der Bauernschwoof, die Fachschaftsparty der Agrarwissenschaftler.

Wenn du nicht sowieso durch Plakate oder Uni-Flurfunk auf die nächste „Mathe-Party" oder „Germanisten-Party" stößt, kannst du dich auf den einzelnen Fachschaftsseiten schlau machen. Eine Liste aller Fachschaften findest du unter:
www.asta-bonn.de/Fachschaften

Der nächtliche Heißhunger

Auch für die nächtlichen Hungerattacken nach einem berauschenden Abend ist in Bonn gesorgt. Viele Clubs und Bars bieten zwar selbst eine Kleinigkeit zu Essen an, aber oft kommt der Hunger ja auch erst an der frischen Luft. Hier ein paar Adressen für hungrige Nachtaktive:

Die **Frittebud** (Franzstr. 43) ist unbestritten ein Klassiker: Hier gibt's ganz zentral am Stadthaus nicht nur die besten Pommes der Stadt, sondern auch Currywurst und üppig belegte Burger (beides ebenfalls in der Veggie-Variante) – also alles, was dein Körper nach einer Partynacht braucht! Freitags und samstags ist die Frittebud bis 1.00 Uhr für dich da (und wenn viel los ist, auch länger!). www.frittebud.com

Der **Orient-Express** (Bertha-von-Suttner-Platz 10) ist ein typischer Döner-Laden in der Innenstadt. Der Döner hier ist zwar nicht der preisgünstigste, den du in Bonn finden wirst, er schmeckt aber extrem lecker und macht satt! Auch gut gegen den Partyhunger: Ein Falafel-Sandwich! www.orient-express-bonn.de

In der Mini-Pizzeria **Cala Dor** (Wesselstr. 4) gibt es leckere Pizza bis in die frühen Morgenstunden! Wenn die Clubs schließen, muss man sich einfach dem Strom des Partyvolks hingeben, der sich scheinbar ganz automatisch in Richtung Bahnhof bewegt und dann vor diesem Laden Halt macht.

Der **UNI Burger** (Stockenstr. 1–5) ist für den schnellen Burger zwischen den Vorlesungen bekannt und beliebt. Wegen seiner großzügigen Öffnungszeiten (freitags und samstags bis 4.00 Uhr) ist er aber auch bestens für hungrige Nachtschwärmer geeignet. www.facebook.com --> UNI Burger

Der Weg nach Hause

Wer noch aufrecht gehen kann, bricht nach der Party je nach Wohnlage zu Fuß nach Hause auf oder fährt mit dem Fahrrad. Für alle, die dafür zu weit draußen wohnen oder zu müde sind, gibt es zum Glück alternative Fortbewegungsmittel.

Die Bonner Nachtbusse bringen dich kostengünstig und bequem nach Hause. Das Liniennetz für den nächtlichen Nahverkehr umfasst verschiedene Linien (N1–N10), die unter der Woche jeweils dreimal und am Wochenende fünf- bis sechsmal im Stundentakt vom Hauptbahnhof abfahren. Da die genauen Abfahrtszeiten sich mit jedem aktuellen Fahrplanwechsel ändern können , solltest du entsprechend regelmäßig updaten unter:

www.swb-busundbahn.de
--> Fahrpläne
--> Nachtbuslinien

kein Taxi in Sicht? Dann wähle eine dieser Nummern
Taxi Bonn
0228/55 55 55
www.taxibonn.de

VV Taxi
0228/28 28 24
www.taxi-bonn.de

Fußlahme oder Komfort-Bedürftige können natürlich auch einfach ein Taxi bis vor die eigene Haustür nehmen. Das ist zwar nicht die günstigste Variante, aber manchmal einfach die beste: Gemütlich, entspannt und direkt. Die Fahrer warten meist in Clubnähe, am Bertha-von-Suttner-Platz und natürlich auch am Bahnhof auf dich.

Kirche

Kirche

Kirche

g

aus

geschlossen

aus

brunchen

Kühlschrank leer

Kühlschrank leer

brunchen

Sonntage

Sonntage

Sonntage

Kühlschrank leer

brunchen

brunchen

Kirche

geschlossen

geschlossen

Kühlschrank leer

Kühlschrank leer

Kühlschrank leer

Der Sonntag ist glücklicherweise kein Tag wie alle anderen: Du kannst ausschlafen und einfach mal die Seele baumeln lassen. Doch was fängt man mit so viel Freizeit an? Gemütlich zu Hause frühstücken oder doch lieber brunchen? Ganz traditionell Kirche und danach ein kleiner Sonntagsspaziergang? Oder gleich ein großer Ausflug? Wie auch immer du dich entscheidest, auf jeden Fall brauchst du vorher etwas zu essen:

Notfalleinkauf

Du wachst am Sonntagmorgen mit knurrendem Magen auf und der Blick in den Kühlschrank verheißt nichts Gutes? Dann bloß keine Panik, denn es gibt ja bekanntlich für jedes Problem eine Lösung. Auch in Bonn gibt es Mittel und Wege, deinem Hunger Abhilfe zu schaffen, ohne dass du dich für einen Restaurantbesuch aufhübschen musst.

Der **MC.Kiosk** in der Altstadt (Breite Str. 87) ist 365 Tage im Jahr für dich da. Hier kannst du dich täglich ab 9.00 Uhr und bis 23.00 Uhr (So) bzw. 1.00 Uhr (Mo-Do) oder sogar bis 2.00 Uhr (Fr-Sa) mit Brötchen, kalten Getränken und Kaffee bis hin zu Snacks, Süßwaren und Eis versorgen. www.facebook.com --> MC Kiosk Bonn

Außerdem gibt's da noch den **Kiosk Eduard** in Kessenich (Eduard-Otto-Str. 26). Er hat sonntags von 9.00–23.00 Uhr geöffnet!

Für die spontane Party oder den unerwarteten Sonntagsbesuch steht am Köln-Bonner Flughafen 24/7 ein vollwertiger **REWE** als Tankstellenalternative für dich bereit. Aber so gut das im ersten

Moment klingt: Dafür musst du erst mal eine kleine Reise, entweder ca. 25 Minuten mit dem Flughafenbus oder ca. 15 Minuten mit dem Auto, auf dich nehmen. Doch bei akutem Vitaminmangel lohnt sich auch das: Das Rund-um-die-Uhr-Sortiment bietet nämlich sogar frisches Obst und Gemüse. (Im Winter nur 20 h am Tag offen!)

Wie in anderen Städten haben auch die **Tankstellen** in Bonn für den größeren Geldbeutel mit eher geringem Anspruch an Auswahl und Qualität an Sonntagen geöffnet. Hier kannst du dich mit dem Nötigsten versorgen.

Frühstücks-/Brötchenlieferdienste

Der Frühstückslieferdienst **Morgengold** liefert dir auch sonntags deine Brötchen (fast) bis ans Bett. Mit einer Probesendung kannst du den Service testen. www.morgengold.de --> PLZ-Abfrage

Brötchen-Express 24 liefert ebenfalls an Sonntagen. Als Neukunde kannst du hier mit einer Probetüte testen, ob dir der Service zusagt. www.broetchen-express24.de

Sonntagsbrunch

Nach einer anstrengenden Woche muss man sich am Sonntag mal was gönnen! Und dafür bestens geeignet ist der sonntägliche Brunch: Du kannst ausschlafen und musst dich nicht um die Befüllung deines Kühlschranks kümmern. Lediglich zwischen All-you-can-eat-Buffet und à la carte musst du dich entscheiden und schon steht dem zufriedenen Bauch nichts mehr im Wege.

Hier findest du die Orte, an denen du es dir richtig gut gehen lassen kannst. Bei allen Lokalitäten empfiehlt es sich dabei natürlich, im Voraus zu reservieren, du bist ja nicht der einzige, der vor seinem leeren Kühlschrank flüchtet.

Morgens halb zehn in Bonn – höchste Zeit, sich auf den Weg ins **Pauke Life Kultur Bistro** (Endenicher Str. 43) in die Weststadt zu machen, sonst bekommst du keinen Platz mehr! Besser noch vorher reservieren (geht auch online), denn der Sonntagsbrunch ist sehr beliebt. Für 12,50 Euro gibt es von 10.00–14.00 Uhr eine große Auswahl am Buffet, inklusive Kaffee und Tee. www.pauke-life.de

Im **Meyer's** (Clemens-August-Str. 51a) in Poppelsdorf gibt es von Herbst bis Frühsommer einen beinahe kaiserlichen Sonntagsbrunch mit Schoko-brunnen, Waffeln, Crêpes und ab 12.00 Uhr mit warmen Hauptgängen. Die Eckdaten: Das Buffet ist von 10.00–14.30 Uhr geöffnet und kostet dich 22,80 Euro. Kaffee-, Tee- und Orangensaft-Flat inklusive! www.meyers-bonn.de

Das **Café von & zu** (Bonner Talweg 77) in der Südstadt hält von 10.30–14.00 Uhr ein reichhaltiges Buffet für dich bereit. Für 12,80 Euro (Getränke sind nicht dabei) erwartet dich von Antipasti, Eierspeisen, selbstgemachten Brotaufstrichen bis hin zu Steinofen-pizza und veganen Köstlichkeiten alles, was deinen Bauch glücklich macht. Reservieren kannst du bequem über die Webseite: www.vonundzu-bonn.de

Im **Café Spitz** (Sterntorbrücke 10) ist kein Brunchbuffet aufgebaut, sondern du bestellst à la carte am Tisch. Aber auch das ist sonntags von 9.00–15.00 Uhr in der All-you-can-eat-Version für nur 9,50 Euro (Getränke exklusive) möglich. www.spitz-bonn.de

Darf es etwas ausgefallener sein?

Im **Perú deputamare!** (Graurheindorfer Str. 61) in Graurheindorf gibt es von 10.00–14.30 Uhr einen „peruanisch-internationalen" Brunch für 12,80 Euro. www.restaurante-peru.de

Im Restaurant **bühne** (Kapuzinerstr. 13) wird von 11.00–15.00 Uhr gebruncht. Das Besondere: Leckere warme und kalte Vorspeisen aus der orientalischen Küche sowie bis zu sechs türkisch-mediterrane Hauptgerichte gehören hier zum Buffet. Das alles für 22,50 Euro, Getränke inklusive! www.buehne-restaurant.de

Ein besonderes Erlebnis: Der Brunch im **Schloss Drachenburg** (Drachenfelsstr. 118). Hierfür musst du zwar etwas tiefer in die Tasche greifen, bekommst dafür allerdings auch einen fantastischen Ausblick, re-gionale Erzeugnisse und eine großzügige Auswahl geboten. Für 39 Euro (inklusive Schlosseintritt und Begrüßungssekt) bist du dabei. Die Termine findest du auf der Internetseite im Veranstaltungskalender. Du möchtest in der Drachenburg frühstücken, aber das Geld reicht nicht für den Brunch? Dann frühstücke doch für 14,50 Euro in der Vorburg. www.schloss-drachenburg.de

--> Veranstaltungen
--> Gastronomische Events

Für Puristen: Das besondere Frühstück

Du bist am Morgen schon in sportlicher Stimmung und möchtest dir dein Frühstück verdienen? Dann lautet die Empfehlung: Rauf auf den Oelberg! Im **Gasthaus auf dem Oelberg** (Oelbergringweg 100) erwartet dich neben einem herrlichen Ausblick ein Bauernfrühstück für 16 Euro. Hier sind Kaffee, Tee und Kakao schon dabei. Reservieren kannst du ganz simpel online. www.gasthaus-oelberg.de

Dir ist das alles zu spießig und beengt? Du willst ein Sonntagsfrühstück in freier Natur? Dann schnapp dir Decke und Picknickkorb und besuche die Rheinaue! Hier kannst du dein Mahl sogar in einem Ruder-/Tretboot vertilgen oder du legst dich direkt auf die Wiese.

--> mehr Picknicktipps gibt's im Kapitel „Es ist Sommer", S. 144

Bonn   endlich
endlich
dlich   endlich   Bonn

Am Sonntag in die Kirche

Für viele gehört der Kirchbesuch am Sonntag einfach zur Woche dazu. Falls du zu den Frühaufstehern zählst und nicht verkatert im Bett liegst, schaffst du es rechtzeitig zum Läuten in die Kirche deiner Wahl.

In Bonn leben bunt gemischt Anhänger der verschiedensten Religionen und Überzeugungen. Darum ist natürlich nicht in jedem Fall der Sonntag der prädestinierte Tag, um gemeinsam seinen Glauben zu feiern. Den kürzesten Weg zum Gotteshaus deiner Wahl findest du hier: www.bonn.de --> Familie & Gesellschaft --> Kirchen

Hier findest du Infos und Links zu allen Gemeinden: Katholische und evangelische Gemeinden, Apostolische und Jüdische Gemeinde, Bonner Moscheen – um nur einige zu nennen. Zur Unterstützung des Austauschs der Religionen untereinander wurde übrigens der „Rat der Religionen" ins Leben gerufen.

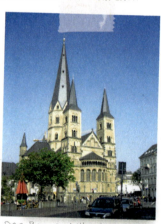

Einige besonders schöne Kirchen sind das Bonner Münster, die Doppelkirche St. Maria und Clemens in Schwarzrheindorf und die Kreuzbergkirche auf dem Kreuzberg.

Das Bonner Münster

Ausflüge um die Ecke

Faul auf dem Sofa liegen oder einen Ausflug ins Bonner Umland machen? Wenn du sonntags gerne „op Jück" (unterwegs) bist, findebt du hier jede Menge Tipps für einen entspannten oder spannenden Sonntag:

Königswinter (ca. 13 km von Bonn entfernt) ist ein Anziehungspunkt für Touristen. Vor allem an Wochenenden fallen sie hier in Scharen ein und die Restaurants an der wunderhübschen Rheinpromenade sind gerammelt voll. Weinliebhaber sollten einen der guten Tropfen aus der Gegend probieren. Wenn du dich für die Unterwasserwelt begeistern kannst, bist du im Sea Life Königswinter an der richtigen Adresse. www.koenigswinter.de   www.visitsealife.com

--> Königswinter

In **Rhöndorf** (ca. 16 km von Bonn entfernt) schmiegen sich die Weinreben malerisch an die Berghänge. Der erste Bundeskanzler Konrad Adenauer fand es hier so schön, dass er die Pendelei nach Bonn auf sich nahm, um hier wohnen zu können.

Umgeben von Wiesen und Bäumen liegt auf der autofreien **Insel Grafenwerth** (ca. 19 km von Bonn entfernt) ein Schwimmbad mit Volleyballfeld. Die Insel ist ein sehr beliebtes Ausflugsziel. Du kannst den romantischen Hafen bewundern, im Biergarten einkehren oder einfach von einer der zahlreichen Bänke aus den Blick auf den Rhein genießen. www.grafenwerth.de

Entlang des Rheins gibt es so viele **Burgen**, dass man sie bei weitem nicht alle an einem Sonntag ansehen kann. Informiere dich vorher im Internet und such dir deine Lieblingsburg heraus! www.burgen-am-rhein.de

Im schönen **Brühl** (ca. 25 km von Bonn entfernt) kommen sowohl Adrenalin- als auch Kulturjunkies auf ihre Kosten: Für erstere steht das **Phantasialand** bereit. www.bruehl.de www.phantasialand.de

Wer es etwas ruhiger mag, der besucht in Brühl das **Max Ernst Museum** oder geht zum **Schloss Augustusburg** mit seinem wunderschönen barocken Schlossgarten. Im nahe gelegenen **Jagdschloss Falkenlust** musst du dir zum Schutz der empfindlichen Böden Überschuhe anziehen und kannst dann damit im Schloss umherschlurfen.
www.maxernstmuseum.de www.schlossbruehl.de

Schon länger keine Tiere in (nahezu) freier Wildbahn mehr gesehen? Dann ab in den **Wildpark Rolandseck** (53424 Remagen-Rolandseck, ca. 16 km von Bonn entfernt)! Hier kannst du Rehe und Wildschweine füttern und es gibt einen Turm mit wunderschöner Aussicht. www.wildpark-rolandseck.de

Der **Stenzelberg** (53639 Königswinter, ca. 14 km von Bonn entfernt) ist sehr beliebt für Picknick- und Grillausflüge. Von hier hast du aber auch einen herrlichen Ausblick! Wenn du beim Stenzelberg bist, dann schau dir doch auch gleich noch die Chorruine des Klosters Heisterbach an. Von da aus ist es auch nicht mehr weit bis zum Weilberg. Hier kannst du etwas über die Erdgeschichte lernen; in so genannten „Aufschlüssen" kann man die verschiedenen Erdschichten sehen.

Zu heiß? Aber Schwimmbäder, Seen und Flüsse sind dir zu alltäglich? Dann solltest du vielleicht die Reise nach **Andernach** (ca. 46 km von Bonn entfernt) auf dich nehmen: Hier kannst du dich von dem weltweit größten **Kaltwassergeysir** nass machen lassen. Das beeindruckende Schauspiel erreichst du vom Geysir-Erlebnis-

zentrum (Konrad-Adenauer-Allee 40, 56626 Andernach) per Schiff, denn der Geysir liegt in einem Naturschutzgebiet direkt am Rhein. www.geysir-andernach.de

Ausflug in die Nachbarstadt: Köln

Köln (ca. 30 km von Bonn entfernt) hat so einiges zu deinem Sonntagprogramm beizusteuern. Neben dem Kölner Wahrzeichen, dem **Dom**, lohnt sich auch ein Besuch im **Schokoladenmuseum**. Hier kannst du den Schokobrunnen testen und deinen mit flüssiger Schokolade überzogenen Keks verspeisen. Von der Terrasse des Schokomuseums hast du eine schöne Aussicht und im Sommer finden auf der Freifläche vor dem Museum viele verschiedene Veranstaltungen statt. ·

Apropos Schoko: In Köln musst du unbedingt eine echte Schokolade im **Raffaello** (Am Hof 28) trinken gehen! Ausreden gibt's nicht, denn diese Möglichkeit hast du schon unweit des Hauptbahnhofs.

Überhaupt ist der Sonntag in Köln bestens für einen kulturellen Streifzug geeignet. Direkt am Kölner Hauptbahnhof liegt das **Wallraf-Richartz-Museum** und auch bis zum **Museum Ludwig** ist es

Bonn   endlich
dlich   endlich   Bonn

nicht weit. Auf der Hohen Straße kannst du schon mal in aller Ruhe deine Lieblingsgeschäfte für den nächsten Einkaufsbummel heraussuchen – und wirst, dem Sonntag sei Dank, trotzdem erst mal kein Geld los.

www.wallraf.museum
www.museum-ludwig.de

Ab an den Strand

Wenn du dich stattdessen an einem sonnigen und heißen Sonntag gerne an den Strand fläzen möchtest, dann musst du lediglich mit der Bahn oder mit dem Fahrrad nach Bonn-Oberkassel fahren und schon hast du das Gefühl, im Urlaub zu sein.

--> s. „Es ist Sommer", S. 129

Unterhalb des Bootshauses in Oberkassel und auch noch in Richtung Bonn und Königswinter zieht sich die **Copacabonna** am Rhein entlang, ein erstaunlich breiter Strandabschnitt. Da das Schwimmen im Rhein aber gefährlich sein kann, solltest du hierzu vielleicht besser eines der schönen Bonner Schwimmbäder aufsuchen.

Wer am Strand immer durstig wird, findet z. B. in Oberkassel oder in Niederkassel-Mondorf eine Strandbar. Den Besuch in der Strandbar **km 660.5** des Rheingold-Hotels (Rheinallee 27) in Niederkassel-Mondorf kann man beispielsweise wunderbar mit einem Ausflug zur Siegmündung verbinden. www.rheingold-hotel.com

Kaffee und Kuchen

Um der sonntäglichen Gemütlichkeit das Sahnehäubchen aufzusetzen, empfiehlt sich natürlich ein Besuch in einem Café mit reicher

Kuchen- und Tortenauswahl. Wann sonst hat man endlich mal Zeit, kalorienvergessen die Seele baumeln zu lassen und sich durch die Kuchenauslage zu futtern? Besonders gut kannst du das hier:

Das **Café Lindentraum** (Rüngsdorfer Str. 39) mitten im Bad Godesberger Villenviertel bietet alles für einen perfekten Sonntagskaffee: eine eigene leckere Kaffeeröstung (auch für zu Hause erhältlich), eine täglich wechselnde Auswahl an selbstgemachten Kuchen und ein wunderbar gemütliches Ambiente. www.cafe-lindentraum.de

Im **Schloss-Café Poppelsdorf** (Clemens-August-Str. 21) eröffnet sich dir der siebte Kuchenhimmel: Von der traditionellen Herrentorte über Mango-Sahne bis zum Obstküchlein fehlt hier nichts! Da freut sich das Zuckerherz! www.schloss-cafe-poppelsdorf.de

Der Name lässt Gutes erahnen: **Spira Mirabilis Naschwerkstatt** (Mi–So von 12.00–18.00 Uhr, Brüdergasse 22) – und er hält, was er verspricht. Wunderbare Torten, Macarons und vieles mehr warten darauf, von dir vernascht zu werden! www.spiramirabilis.de

--> mehr Adressen für Kaffee & Kuchen gibt's im Kapitel „Durst" ab S. 108

Tatort-Gucken

Kein Sonntagabend ohne Tatort? Kein Problem. Denn obwohl Bonn, anders als Köln, keinen eigenen Tatort hat, kannst du hier entspannt dem sonntäglichen Rudelgucken in der Kneipe frönen:

Da wäre zum einen die **Südstadt Studikneipe** (Weberstr. 50a). Zur gemütlichen Mörderjagd auf TV und Leinwand werden Martini, Tees, Nachos und Käsewürfel gereicht. www.facebook.com
--> suedstadtStudikneipe

Und dann gibt's da noch den **Südbahnhof** (Ermekeilstr. 32). Hier kannst du Tatort oder Polizeiruf entweder an der Theke am Fernseher oder in einem separaten Raum auf Leinwand in HD verfolgen. www.facebook.com --> Der Südbahnhof

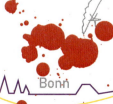

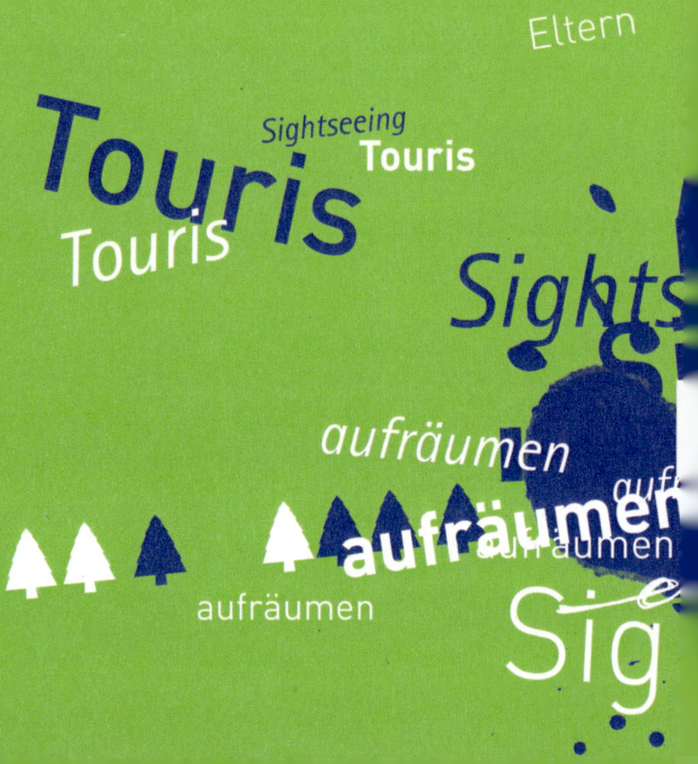
Eltern
Sightseeing
Touris
Touris
Touris
Sights
aufräumen
aufräumen
aufräumen
aufräumen
Sig

Besuch

Besuch

Besuch?

Tourikram

Tourikram

Besuch

Tourikram ...

eing

htseeing

Eltern

tern

Sightseeing

endlich

ern

ich

ris

seeing

Jetzt hast du den Salat: Der langersehnte, gefürchtete oder gar spontane Besuch steht vor deiner Tür! Und natürlich will er den weiten Weg nicht umsonst gemacht haben und sich ganz genau anschauen, wo du jetzt wohnst und was es da zu sehen gibt. Deine Expertise als Stadtführer ist also gefragt. Tja, darauf bist du vermutlich nicht vorbereitet. Pech gehabt? Aber nicht doch! Hier findest du eine eigens für dich zusammengestellte Touri-Tour mit einer Auswahl interessanter und sehenswerter Orte, die nicht nur Bonn-Neulinge in Staunen versetzen. (Natürlich ist diese Tour auch ideal für den Eigengebrauch, wenn du Bonns Touri-Spots selbst kennenlernen möchtest ...)

Kurz vorweg

Bonn mit dem Auto erkunden? Bitte nicht! Das bedeutet nur Stau, Stress, schlechte Luft und ist schlecht für das Klima! Bist du dennoch nicht davon abzuhalten, findest du hier eine **Parkplatzübersicht**, damit die Anfahrt zu den gewünschten Zielen nicht mit einer langen, stimmungstötenden Suche beginnt: www.bcp-bonn.de

Um dich gänzlich stressfrei um deine Besucher kümmern zu können, solltest du auf das gut ausgebaute Netz an öffentlichen Verkehrsmitteln zurückgreifen. Das geht am günstigsten mit der **Bonn Regio Welcome Card** – für 10 Euro kannst du 24 Stunden im Bonner Stadtgebiet herumfahren und erhältst zusätzlich noch freien Eintritt in über 20 Museen sowie zahlreiche Ermäßigungen bei anderen Sehenswürdigkeiten und Freizeitangeboten. Alle Vorteile auf einen Blick findest du unter: www.bonn-region.de

Sightseeing ist anstrengend! Deshalb solltest du dich als Gastgeber auch immer um das leibliche Wohl deiner hungrigen und durstigen Gäste kümmern. Zum Glück findest du in diesem Buch einige Anregungen. --> siehe „Durst?", ab S. 106, „Hunger?", ab S. 74

Natürlich ist es ratsam, auch die Jahreszeit und die damit verbundenen klimatischen Bedingungen in deine Überlegungen miteinzubeziehen. Ob sich ein Stopp im Park anbietet oder ob doch eher eine interessante Indoor-Aktivität in Frage kommt, hängt schließlich maßgeblich vom Wetter und den Temperaturen ab.

--> siehe „Es ist Sommer", ab S. 124 oder „Frostige Zeiten", ab S. 146

Touri-Tour

Jetzt kann's aber losgehen! Für die folgende Fußtour (ca. 4,5 km) braucht ihr nichts weiter als dieses Buch. Den praktischen Stadtplan mit eingezeichneter Route gibt's ganz hinten im Buch.

Ihr startet mitten in der Innenstadt mit jemandem, auf den die Bonner ganz besonders stolz sind: Ludwig van Beethoven! Der wurde nämlich in einem Hinterhaus im Herzen der Bonner Innenstadt geboren und genau hier am **Beethoven-Haus** (Bonngasse 18–26, ❶ Straßenbahn- und Bushaltestelle „Bertha-von-Suttner-Platz/Beethoven-Haus") solltet ihr auch eure Tour beginnen. Mit über 150 Ausstellungsstücken findet ihr vor Ort die größte Beethoven-Sammlung weltweit. www.beethoven-haus-bonn.de

--> s. „Kultur und so", S. 204

Ersatzweise kannst du auch andere **Beethoven-Specials** besuchen, es gibt eine enorme Auswahl, unter anderem einen Audio-Guide, der dich auf den Spuren Beethovens durch Bonn führt.
www.bonn.de

--> Tourismus & Kultur
--> Kultur --> Beethoven

Bonn endlich endlich Bonn dlich

Mit einem bewundernden Blick auf das Haus wendet ihr euch nach rechts, geht Richtung Süden bis zur Sternstraße und dort links auf den **Marktplatz**. Hier gibt es ein reichhaltiges Shoppingangebot, das ihr aber zugunsten der Kultur zunächst links liegen lasst.

Außer sonntags ist jeden Tag Markt, so dass ihr euch noch schnell mit leckeren Säften und erfrischendem Obst versorgen könnt, bevor ihr euch dem **Alten Rathaus** (Markt 2) nähert. Das imposante Rokokogebäude ist heute nicht mehr Verwaltungssitz der Stadt Bonn, dient aber immer noch als repräsentativer Ort für Staatsempfänge und Ähnliches.

Die große Treppe vor dem Gebäude hat historisches Gewicht und kann sich mit vielen prominenten Besuchern rühmen: Hier zeigte sich der erste Bundespräsident Theodor Heuss nach seiner Wahl und von Charles de Gaulle über Michail Gorbatschow und John F. Kennedy bis hin zu Königin Elizabeth II. haben schon viele diese prunkvolle Kulisse genutzt, um die Bonner zu begrüßen.

Wenn ihr Glück habt, hat sich just an dem Tag eures Besuchs ein Paar getraut und im Alten Rathaus „Ja" zueinander gesagt. Dann könnt ihr das Brautpaar bewundern, das ganz bestimmt für schöne Erinnerungsfotos auf der Treppe verweilen wird.

Ihr geht anschließend rechts am Rathaus vorbei und folgt der Stockenstraße. Sie führt euch durch einen Torbogen direkt auf das Unigelände. Hier zeigt sich, dass das eben unterquerte Haus ein Seitenflügel des Hauptgebäudes der **Bonner Universität** ist: ein

großes, ehemalig kurfürstliches Schloss mit Hofgartenanlage. Und während ihr das großzügige Gebäude inklusive Park bewundert, geht ihr nach links weiter Richtung Rhein.

Linker Hand könnt ihr jetzt sehen, wie das Unigebäude mehrere Torbögen über eine stark befahrene Straße spannt. Das ist das **Koblenzer Tor**, dessen Fassade eine vergoldete Figur des Erzengels Michael schmückt. Ursprünglich wurde es als

Archiv und Versammlungsraum des Ritterordens vom Heiligen Michael genutzt – daher auch der goldene Engel.

Nachdem ihr die große Straße (Adenauerallee) wohlbehalten überquert habt, landet ihr automatisch am **Alten Zoll**. Diese 1644 errichtete ehemalige Bastion war Teil der Bonner Stadtmauer. Hier hat man einen wunderbaren Blick auf den Rhein, auf Beuel und auf das Siebengebirge.

Jetzt geht es wieder über das Unigelände zurück und am gesamten goldgelben Hauptgebäude der **Universität** mit seinen charakteristischen Ecktürmen entlang. Am Ende der Grünfläche lauft ihr über den Kaiserplatz (eher eine längliche Wiese) und geht

weiter geradeaus Richtung Poppelsdorfer Allee. Ihr überquert die Maximilianstraße und einen kleinen Platz, dessen Mitte ein rundes Wasserbecken ziert. Von dort aus könnt ihr bereits einen Blick auf euer nächstes Ziel erhaschen:

Genau, das Poppelsdorfer Schloss! Sobald ihr die Eisenbahnschienen mit Hilfe des kleinen Fußgängertunnels hinter euch gelassen habt, seht ihr die **6 Poppelsdorfer Allee** in ihrer ganzen Pracht. Und selbiger folgt ihr bis zum **7 Poppelsdorfer Schloss** (Meckenheimer Allee 169). Ursprünglich war diese Allee, an deren Seiten größtenteils noch Gründerzeithäuser stehen, genau einen Kilometer lang und verband das Kurfürstenschloss mit dem Poppelsdorfer Schloss.

Jetzt schon müde Füße? Da habt ihr genau den richtigen Zeitpunkt erwischt: Die großzügig um das Schloss herum angelegte Parkanlage kann man bei schönem Wetter wunderbar für eine Verschnaufpause nutzen. Direkt hinter dem Schloss liegt der **8 Botanische Garten**. Er beherbergt einige – auch für Nicht-Botaniker – sehenswerte Bäume und andere Pflanzen und ist eindeutig einen Spaziergang wert.

Abstecher gefällig? ...

Wenn es noch ein Stück mehr sein darf: Jetzt seid ihr schon gar nicht so weit von der **Kreuzbergkirche** (Stationsweg 21) entfernt. Diese barocke und absolut sehenswerte Kirche liegt auf dem gleichnamigen Kreuzberg. Vom Botanischen Garten aus sind es dorthin zu Fuß ca. 2 km durch Poppelsdorf und größtenteils grüne Parkflächen, ihr könnt aber auch bequem ein Stück mit dem Bus nach Melbbad fahren (Linie 602 & 603) und habt dann nur noch etwa 10 Minuten Fußweg vor euch.

Das Besondere an der Kreuzbergkirche ist neben ihrem anmutigen Aussehen auch die so genannte **Heilige Stiege**, eine aufwendig verzierte Barocktreppe, die als Nachbildung der „Scala Santa" in Rom am Karfreitag und -samstag viele Pilger anlockt. Du musst die 28 Stufen aber natürlich nicht auf Knien hochrobben. ... weiter geht's!

So oder so könnt ihr euch jetzt langsam wieder auf den Weg in die Innenstadt machen: Die Poppelsdorfer Allee dazu einfach zurückschlendern – das ist auch beim zweiten Mal noch schön! Am Ende des Kaiserplatzes links abbiegen und nach ein paar **Metern** wird es ❾ noch mal eindrucksvoll: Das **Bonner Münster**! Rein architektonisch macht ihr damit einen Sprung in die Übergangszeit von der Romanik zur Gotik. Die mächtige Basilika mit ihren fünf Türmen ist eines der Wahrzeichen der Stadt und darf bei einer Touri-Tour auf keinen Fall fehlen.

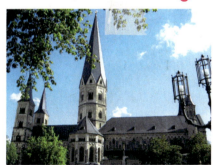

Nachdem ihr das Münster ausreichend bewundert habt, stolpert ihr vor dem Haupteingang schon über die nächste interessante Entdeckung. Die ist zwar nicht so auffällig, aber dennoch ein Foto wert: Der Bonner **Pranger**. Die 2,70 m hohe Säule trägt die Trachytkugel (das Hoheitszeichen der Gerichtsherren) und auf halber Höhe kann man noch die Befestigung erkennen, an der die Verurteilten mit einer Kette um den Hals gefesselt, öffentlich bloßgestellt und bestraft wurden.

Ganz in der Nähe, ebenfalls auf dem Münsterplatz, könnt ihr das **⑩ Beethovendenkmal** und das **historische Postgebäude** bewundern. Je nach Jahreszeit herrscht hier auch richtig Trubel, zum Beispiel während des Weihnachtsmarkts.

--> s. „Frostige Zeiten", S. 159-160

Jetzt fehlt eigentlich nur noch der dritte große Platz im Herzen Bonns: der Friedensplatz. Den erreicht ihr, indem ihr rechts am Postgebäude vorbeigeht und in die Vivatsgasse einbiegt. Auf dem ⑪ Weg zum Platz passiert ihr das **Sterntor**. Es ist ein kleiner Teil der mittelalterlichen Stadtbefestigung, leider aber nur ein Nachbau aus Resten der Stadtmauer und dem alten Sterntor. Das Original wurde, obwohl Kaiser Wilhelm II. protestierte, 1889 abgerissen.

⑫ Am Ende der Vivatsgasse liegt dann (endlich) der **Friedensplatz**, der schon viele Namen trug – bis man sich auf den heutigen einigte. Früher war er der Platz des Bonner Viehmarktes und Endstation der damaligen Schmalspurbahn. Heute ist er das Herz des Bonner Nahverkehrs. Hier könnt ihr euch ganz spontan für einen Kinobesuch entscheiden oder aber auf den Weg zur **Museumsmeile** machen.

Vielleicht gebt ihr euch auch den verführerischen Shoppingmöglichkeiten hin oder besucht eines der zahlreichen Restaurants und Cafés, um die qualmenden Füße auszuruhen.

Wer genug hat, kommt von hier mit dem ÖPNV direkt nach Hause, immerhin waren das (ohne den Kreuzberg-Abstecher) rund 4,5 km.

Infos von Experten

Wenn es dir doch zu viel Verantwortung oder einfach zu anstrengend ist, einen ganzen Tag lang den Touri-Führer zu mimen und exklusives Stadtwissen zu präsentieren, dann lass die Profis ran!

Die **Bonn-Information** organisiert ganz unterschiedliche Touren für Gruppen und Einzelpersonen. Hier ist für jeden Geschmack etwas dabei. Und ist dir eine normale Stadtführung zu langweilig, dann probier es doch mal mit einer Rallye. www.bonn.de --> Tourismus & Kultur --> Tourismus --> Tourist Information --> Stadttouren

Oder wie wäre es mit einem **Bonner Stadtspaziergang** mit Rainer Selmann: Er bietet Spaziergänge rund ums Thema Bonn an, mit Infos und Plätzen, an die man sonst vielleicht nie gekommen wäre, und das auch noch zu äußerst fairen Preisen! Infos zu den verschiedenen Rundgängen: www.kultnews.de

Wer Bonn alternativ **vom Rhein aus** erkunden möchte, dem bieten sich an den zahlreichen Anlegern Möglichkeiten zum Entern. Die zentralste Anlegestelle befindet sich direkt am Alten Zoll und kann so auch problemlos in eine Touri-Tour eingebunden werden. Infos zu Fahrplänen und Preisen findest du hier: www.b-p-s.de

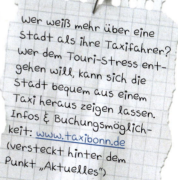

Wer weiß mehr über eine Stadt als ihre Taxifahrer? Wer dem Touri-Stress entgehen will, kann sich die Stadt bequem aus einem Taxi heraus zeigen lassen. Infos & Buchungsmöglichkeit: www.taxibonn.de (versteckt hinter dem Punkt „Aktuelles")

Bonn   endlich   endlich   Bonn

ndlich

Konzert

Konzert

Konzert

Konzert

Konzert

Konzert

endlich

Klassik

Klassik

Klas

Konzer

Poetry-Slam

Klassik

Kinosessel

Theater

Poetr

Poet

-Slam

Konzer

Poetry

Konzert

Poetry-Slam

Kultur
und so

Kultur
und so
und so

Klassik
kinosessel
Kinosessel
Kinosessel
try-Slam
endlich
Theater
Theater
Theater

Als Geburtsstadt Ludwig van Beethovens und ehemalige Bundeshauptstadt hat Bonn große Erwartungen an sein kulturelles Angebot zu erfüllen. Für dich persönlich hat das den Vorteil, dass du eine
riesige Auswahl an (mehr oder weniger) intellektueller Unterhaltung hast. Je nach Abend-Konzept muss es ja nicht immer gleich
hochgeistig sein. Im Zweifel startest du einfach mal mit:

Kino

Bonn hat sieben Kinos zu bieten, davon vier Programmkinos, zwei
Mainstream-Häuser und eines, das irgendwo dazwischen liegt.
Zusammen decken sie das Spektrum vom aktuellen Blockbuster
über kleinere Produktionen bis zur thematischen Retrospektive ab.

Das **Rex-Lichtspieltheater**
(Frongasse 9) an der Kul-
turmeile von Endenich und
die mehrfach prämierte
Neue Filmbühne (Friedrich-Breuer-Str. 68–70) im
rechtsrheinischen Bezirk
Beuel, die von denselben
Betreibern geführt wer-
den, sind nach ihrem
Selbstverständnis Film-

kunst-Erstaufführungs-Kinos: Film gilt hier nicht als Ware, sondern
als Kunstgattung und „Reflexionsmedium".

Obwohl der programmatische Schwerpunkt auf europäischem Film
und kleineren Produktionen liegt, kann man hier natürlich auch
prominente US-Movies sehen. Die Programmfilme werden eher
selten, Sneak-Previews dagegen häufig im Originalton mit deutschen Untertiteln gezeigt. Die Preise liegen je nach Filmlänge bei

7,50 oder 8 Euro, Studenten erhalten 1 Euro Ermäßigung. www.rex-filmbuehne.de

Direkt an der Bonner Hauptverkehrsader am Bertha-von-Suttner-Platz liegt das **WOKI**, dessen Name auf das 1954 eröffnete Bonner „Wochenschau"-Kino zurückgeht. 2015 wurde das WOKI renoviert und generalüberholt und glänzt seitdem mit drei bezaubernden, individuell gestalteten Sälen. Jede Woche werden bis zu zwanzig verschiedene Filme für jede Altersklasse abgespult (viele allerdings nur ein- oder zweimal wöchentlich), darunter auch einige im Originalton. Im Foyer gibt's Popcorn, Getränke und eine Süßigkeitenbar, die Preise liegen zwischen 5 und 10 Euro. www.woki.de

Unter dem Namen **Bonner Kinemathek** firmieren zwei Programm-kino-Spielstätten, nämlich das **Kino in der Brotfabrik** (Kreuz-str. 16) und das **Arthaus-Kino im Rheinischen Landesmuseum** (Colmantstr. 14–16). Letzteres zeigt dienstags und/oder freitags je einen Film, meist aktuelle europäische Streifen, realistisch bis reflexiv, kleine Genreproduktionen und fast immer OmU. Der musealen Umgebung angemessen, gibt es hier leider keine Gummibärchen-bar. Eine Karte kostet 6,50 Euro (4,50 Euro ermäßigt).

Im Kulturzentrum Brotfabrik dagegen gibt es nicht nur einen kleinen Kinosaal, sondern auch eine Kneipe nebenan, aus der man etwas zu trinken mit in die Vorführung nehmen und in der man sich vor oder nach dem Film bei einem Pastagericht austauschen kann.

In der Brotfabrik werden regelmäßig Klassiker-Reviews zu bestimmten Themen oder Jubiläen veranstaltet, oft in der Original-fassung und mit kurzen, informativen Ansprachen vor dem Film. Auch Veranstaltungen wie „Psychoanalytiker stellen Filme vor" mit begleitendem Vortrag eines Experten kann man in der Brotfabrik besuchen. Ansonsten dient die Location auch als Raum für Konzer-te und Theater. www.bonnerkinemathek.de

Bonn endlich
endlich
endlich
Bonn
ndlich

Mit elf Vorführsälen und insgesamt etwa 2.300 Plätzen ist das Kino der **Kinopolis**-Kette (Moltkestr. 7–9) in Bad Godesberg das adäquate Kino für 3D-Materialschlachten und Popcornkoma. Die Preise liegen erwartungsgemäß bei 7,50 bis 12 Euro, donnerstags bis sonntags etwa zwei Euro höher als an den übrigen Wochentagen, kleine Ermäßigungen für Studierende gibt es immerhin. Und es werden Sondervorführungen für Frauen (mit Gratissekt) und Männer (Horrorfilme) angeboten, immer mal wieder sogar „Filme zwischen Kunst und Kommerz" und die 2,50-Euro-Reihe, in der zu diesem Preis ältere Kinohits wiederholt werden.
www.kinopolis.de/bn

Die **Sternlichtspiele** (Markt 8) am Bonner Marktplatz gehören dem größten deutschen Kinobetreiber Cinestar und bieten keine großen Überraschungen. Hier wird gezeigt, was auch in anderen Kinoketten läuft. Einige Sonderveranstaltungen gibt es auch hier: für Männer, Frauen, Familien, mit Horrorfilmen und natürlich Filme in 3D. Täglich laufen acht Filme mit vielen Nachmittagsvorstellungen, die Preise für Erwachsene liegen zwischen 6,50 Euro und 8,50 Euro, für Studenten bei 6,50 bis 7 Euro. 3D-Filme sind teurer.
www.cinestar.de --> Kino ändern --> Bonn

Open-Air-Kino

Kino im Freien ist in Bonn keine randständige Sommerveranstaltung, sondern dank eines inzwischen überregional begehrten cineastischen Events tatsächlich ein Höhepunkt der heißen Monate, auf den sich Filmfreunde schon im Winter freuen.

Wer trägt den Flügel?

Als „Stummer Freund" kannst du die Stummfilmtage finanziell unterstützen und dafür sorgen, dass sie trotz klammer Stadtkasse noch viele Jahre in Bonn bleiben. Sollte dein Geldbeutel leer, aber deine Muskelkraft groß sein, kannst du die großartige Veranstaltung auch unterstützen, indem du zu Beginn hilfst, den Flügel von drinnen nach draußen zu tragen.

Diesen Höhepunkt bilden die vom Förderverein Filmkultur Bonn e.V. organisierten **Internationalen Stummfilmtage** (Bonner Sommerkino). Sie werden jedes Jahr an elf Augusttagen im historischen Arkadenhof der Universität (Adresse: Am Hof) ausgerichtet. Weit oben auf der Liste der beliebtesten Kulturevents der Bonner Bürger im Sommer stehen sie ebenso sicher wie seit Jahren immer wieder auf der Kürzungsliste des Stadtrats.

Die Reihe steht jedes Mal unter einem anderen Motto, das aber immer ein äußerst vielfältiges Programm zulässt – vom US-Slapstick-Klassiker bis zum japanischen Kriegsfilm. Die Filme werden ausschließlich mit Livemusik, meistens durch einen Pianisten, begleitet. Diese improvisierte Filmmusik ist eigentlich allein schon ein Grund, sich im Arkadenhof einzufinden.

Obwohl dort für jeden Abend 1.500 Stühle aufgestellt werden, empfiehlt es sich, früh zu kommen – denn die Veranstaltung ist gratis. Wer vor lauter Eile nicht mehr zum Essen gekommen ist, kann im Arkadenhof Brezeln und Getränke erstehen. Da die meisten Stummfilme kürzer sind als heutige Tonfilme, laufen pro Abend fast immer zwei Streifen, einer davon oft als kurzer Vorfilm. Diese einmalige Mischung aus Konzert, Picknick und Freiluftkino solltest du als Bonn-Bewohner unbedingt mal erlebt haben!
www.foerderverein-filmkultur.de --> Internationale Stummfilmtage

Im Hochsommer finden im Freibad Friesdorf (Margaretenstr. 14) die **Filmnächte** statt. Eine große Leinwand wird auf der Liegewiese aufgebaut, ihr könnt noch bis kurz vor Filmbeginn schwimmen und werdet mit einfachen Snacks versorgt. Decken und Kissen solltet ihr selber mitbringen. www.friesi.org --> Filmnächte

Bonn endlich
endlich endlich
dlich Bonn

Die Bretter, die die Welt bedeuten – Theater

Bonn hat für Theaterfreunde und alle, die es werden wollen, eine gehörige Vielfalt an Spielorten, Schauspielgruppen und Theaterprojekten zu bieten. Summiert man von der städtischen Opernbühne über Kabarett und Kleinkunst bis hin zu sporadisch auftretenden Laientruppen alles, was man unter Schauspiel zusammenfassen kann, kommt man auf eine beachtliche Anzahl an Gelegenheiten, die Welt auf den Brettern zu erleben:

Das **Theater Bonn** (Am Boeselagerhof 1) bietet Oper, Schauspiel und Tanztheater in ebenso durchdachten wie eindringlichen Inszenierungen abseits jedes avantgardistischen Furors. Regietheater findet man eher im benachbarten Köln. Das Theater Bonn glänzte aber in den letzten Jahren mit vielen Auftragswerken und Uraufführungen.

Auch die **Bonner Oper**, ebenfalls Teil der städtischen Bühne, hat mit Besonderheiten abseits der üblichen Inszenierungsroutine von sich reden gemacht. Beeindruckende Bilder und großartige Musik kann man in Bonns Oper eigentlich in jeder Inszenierung erleben. Nicht zuletzt natürlich, weil das Beethoven Orchester Bonn exzellent ist.
www.theater-bonn.de

Ein praktischer Tipp: Die deutschen Übertitel (also der gesungene Text) sind leider aus den hintersten Reihen im Parterre nicht mehr lesbar. Wenn du also nicht nur auf die Musik, sondern auch auf die Handlung der Oper Wert legst, solltest du hier besser nicht sitzen.

Obwohl es einen etwas sonderbaren Namen trägt, ist das **Euro Theater Central** (Münsterplatz 3) in der Bonner Fußgängerzone ein geschmackvoller Salon im ersten Stock eines Gründerzeitgebäudes

mit angrenzendem Zimmertheater (50 Plätze und 38 m² Bühne), der einen, wenn man am Tresen auf die Vorstellung wartet, eher an Paris als ans Rheinland denken lässt. Inszeniert werden verständlicherweise nur Kammerstücke mit wenig Personal. Die fast intime Nähe zu den Schauspielern und ihren Charakteren steigert den gewöhnlichen Theatereindruck noch.

Dauerbrenner sind seit vielen Jahren die Inszenierungen von Patrick Süskinds Monolog „Der Kontrabass" und von Jean-Paul Sartres Höllendrama „Geschlossene Gesellschaft". Die Preise für Erwachsene liegen bei 19 Euro, Studenten erhalten 50 % Ermäßigung.
www.eurotheater.de

Unter den Bonner Amateurbühnen ist das **tik – theater im keller** (Rochusstr. 30) mit etwa 40 Plätzen besonders erwähnens- und empfehlenswert. Wie der Name vermuten lässt, befinden sich die Räume im Keller, was der aparten Atmosphäre des tik überhaupt keinen Abbruch tut. Im Gegenteil, auch die in nostal-

gischer Tristesse eingerichtete Theaterbar gegenüber vom Bühnenraum ist ein Argument für einen Besuch. Außer tadellosen Inszenierungen erfolgreicher Gegenwartsstücke (von Yasmina Reza, Woody Allen u.a.) gibt es hier auch Lesungen, Kabarett und manch andere Performance zu entdecken.

Wer auf ungewöhnliche Art feiern möchte, kann gleich das ganze Theater mieten, Bühne und Bar, und zum Geburtstag oder zum Renteneintritt eine Vorstellung mit Buffet arrangieren lassen.
www.tik-bonn.de

Bonn endlich endlich Bonn ndlich

Wer nicht glaubt, dass es noch kleinere Theater als das tik gibt, und wer Literatur und Theater nur ungern auseinanderdividiert, dem sei die **Pathologie** (Weberstr. 43) empfohlen, eine von Bühnenprofis nebenbei betriebene Spielstätte im Keller des Bonner Südstadt-Café/Restaurants Schumann's.

Mit nur 25 Sitzplätzen könnte man die Vorstellungen fast schon ‚ein Tischgespräch mit Schauspielern' nennen. Oder auch ein Tischgespräch mit Dichtern, denn typisch für die Pathologie sind eben nicht nur entlegene Stücke, sondern auch (szenische) Lesungen von literarischen Texten jeder Art – nicht nur großer Namen – und Dramatisierungen von Erzählwerken der Weltliteratur. Formidable Ensemblemitglieder, erinnernswerte Texte und zeitkritische Kammerstücke – all das bekommst du für 18 Euro pro Abend (12 Euro ermäßigt). www.theaterdiepathologie.de

Der Endenicher Ballsaal, unmittelbar hinter dem Rex-Lichtspieltheater und dem Fiddlers Irish Pub, wird bespielt von zwei Bonner Künstlergruppen: dem CocoonDance- und dem fringe-ensemble. Im **theater im ballsaal** (Frongasse 9) gibt es also Theater- und Tanzvorführungen.

Das fürs Schauspiel zuständige fringe-ensemble genießt einen überregionalen Ruf und gibt Gastspiele im In- und Ausland. Es steht für internationale Theaterarbeit mit zweisprachigen Aufführungen, Dramatisierungen großer Romane, kritischen Gegenwartsbezug und Experimentierfreude. Inszenierungen sind hier immer auch Neuschöpfungen und jedes Stück wird zu einem Stück Gegenwart.

Das theater im ballsaal ist daher ein Glücksfall für versierte Theatergänger und Menschen mit Lust am Unbekannten. Für Bühnenneulinge und lediglich unterhaltungsbedürftige Seelen ist es aber nicht uneingeschränkt zu empfehlen. Preise: 14 Euro bzw. 9 Euro. www.theater-im-ballsaal.de

Auf keinen Fall unerwähnt bleiben darf das seit über 15 Jahren aktive **Ensemble Gerüchteküche**, das im Theater der Brotfabrik Bonn spielt. Neben bekannten Dramen des 20. Jahrhunderts werden vor allem Filme und Romane auf die Bühne gebracht, in der Regel zwei pro Jahr. www.gerüchteküche-bonn.de

Last but not least gibt es noch zwei englischsprachige Schauspieltruppen in Bonn, nämlich die preisgekrönten **Bonn Players**, die an verschiedenen Spielstätten der Stadt Originalstücke von Shakespeare bis Pinter sowie szenische Lesungen aufführen, und die **Bonn University Shakespeare Company (BUSC)**, bei der jede(r) Theater-Interessierte vor oder hinter den Kulissen mitwirken kann. Beide bringen jährlich etwa zwei bis drei Stücke auf die Bretter. www.bonnplayers.de www.busc.de

Zum glorreichen Abschluss jeder Spielsaison findet in all diesen und noch mehr Theatern die Bonner Theaternacht statt!

--> siehe „Feste & Festivals", S. 227

Kabarett, Kleinkunst & Varieté

Der Unterhaltungstempel schlechthin in Bonn ist das **Pantheon** (Siegburger Str. 42). Hier offenbaren die Olympier des deutschen Kabaretts wie Georg Schramm, Volker Pispers oder Gerhard Polt höhere und tiefere Wahrheiten und beweisen ihre Macht über die Zwerch-

felle der Sterblichen – „sinnstiftende Wiedergutmachung am Abend" nennt das der Veranstalter im Seelsorgerdeutsch.

Wer hoffen darf, einst zu den Wort- und Witzgewaltigen aufzusteigen, kann am alljährlichen Prix Pantheon teilnehmen, bei dem in einer zweitägigen Wettkampfveranstaltung unter Beteiligung der Zuschauer und in einer Gala mehrere Nachwuchs-Kleinkünstler auftreten. Diese Veranstaltung, wie übrigens auch andere Ereignisse desselben Spielorts, wird vom WDR in Fernsehen und Radio ausgestrahlt.

Außer einer Kabarettbühne bietet das geräumige Pantheon aber auch Tanzpartys, A-Cappella-Konzerte, Artistik, Lesetage und natürlich Gastronomie. Die Preise liegen meist um die 17 Euro, ermäßigt bei 14 Euro. www.pantheon.de

Ebenso wie das Pantheon gehört auch das **Haus der Springmaus** (Frongasse 8-10) an der Endenicher Kulturmeile zu den bekanntesten Kleinkunsttheatern Deutschlands. Es hatte schon so illustre Kabarettisten wie z.B. Hanns-Dieter Hüsch, Richard Rogler und Harald Schmidt zu Gast. Benannt ist es nach

der hier ‚hausenden' Improvisationstheatertruppe „Springmaus" um den kanadischen Schauspieler Bill Mockridge (bekannt aus der „Lindenstraße"). In dem historischen Tanzsaal mit Marmortischen und Empore werden außer Kabarett auch (kabarettistische) Konzerte, Lesungen, Puppenspiel, Comedy und natürlich Improvisationstheater gepflegt.

Das Springmaus-Bistro bewirtet die Gäste nicht nur im Tanzsaal, es gibt auch einen Biergarten unter Kastanienbäumen. Die Preise für Karten liegen meist über 20 Euro. www.springmaus-theater.de

Eine Improvisationstheatergruppe aus Bonn darf auf keinen Fall vergessen werden: **les-bon(n)mots**. Es gibt sie seit dem Jahr 2000 und sie treten regelmäßig in und um Bonn auf, z. B. im Café Kaffeeklatsch in der Nordstadt oder im Rahmen der Bonner Theaternacht. www.les-bonmots.de

Eine private Kleinkunstbühne, die Zauberkünstler ebenso ins Programm nimmt wie Musiker, Poeten, Comedians und Schauspieler, ist die **GaLarie Laë** (Heisterbacherhofstr. 1) in der Nähe der Kennedybrücke. Bis zu vier Veranstaltungen verschiedenster Art finden monatlich in dem mit exotischen Musikinstrumenten und gestalterischen Arbeiten der Inhaberin ausstaffierten Kunstsalon statt.

Wer sich einen Einblick nicht nur in die Tätigkeiten des Salons, sondern auch in die Bonner Amateur-Kleinkunst-Szene verschaffen will, sollte mal zur „offenen Bühne" kommen, bei der erstaunliche Entdeckungen geradezu garantiert sind. www.leben-ist-freude.de

Seit 2016 hat Bonn endlich seine eigene Varieté-Bühne: Das **G.O.P. Varieté-Theater** (Karl-Carstens-Str. 1) serviert nicht nur ein spektakulär-komisches Abendprogramm sondern auch kulinarische Highlights direkt an den Platz im großen Saal. Tickets bekommst du ab 29 Euro (Studierende 15), zu moderaten Preisen auch Menü, Kaffee und Kuchen oder Currywurstpommes. www.variete.de

--> Spielorte --> Bonn

Museen

Die vollständige Liste der Bonner Museen und Ausstellungsräume umfasst stolze 38 Adressen: vom ehemaligen Wohnhaus des ersten Bürgermeisters im Ortsteil Vilich über zahlreiche universitäre Sammlungen oder Begegnungs-Ateliers bis zu ortsteilspezifischen Heimatmuseen, einem Museum für die Geschichte der Anästhesiologie und der „Heimatstuben" mit Kulturgütern aus der ehemaligen ostpommerschen Stadt Stolp.

Zieht man in Betracht, dass sich darunter einige der wichtigsten Museen der deutschen Kulturlandschaft befinden (wie das Haus der Geschichte oder die Bundeskunsthalle), ist die folgende Auswahl hoffentlich auch für Freunde der Anästhesiologiegeschichte nachvollziehbar ...

Es ist weder das größte noch das meistbesuchte Museum der Stadt und doch mit dem Namen Bonns verbunden wie kein zweites: das **Beethoven-Haus** (Bonngasse 18–26). Hier wurde in einer Dachgeschosskammer im Jahr 1770 der bis heute berühmteste Bonner und einer der größten deutschen Komponisten geboren.

Obwohl Ludwig van Beethoven als 22-Jähriger seine Geburtsstadt verließ und für den Rest seines Lebens in Wien lebte, befindet sich in der Bonngasse heute die weltweit größte Sammlung von Handschriften, Werkdrucken, Musikinstrumenten, Gemälden und Alltagsgegenständen des Genies. Darunter so berührende Exponate wie die bizarren Hörrohre, -trichter und -kellen, mit denen der verzweifelte Musiker gegen seine zunehmende Gehörlosigkeit anzukämpfen versuchte.

Dem Museum sind eine Bibliothek, ein Archiv für wissenschaftliche Zwecke und ein Kammermusiksaal angegliedert, in dem neben

Klassik- auch Jazzkonzerte stattfinden. Die Ausstellung ist täglich geöffnet, der Eintrittspreis beträgt 6 Euro (erm. 4,50 Euro).

Tipp für Musiker: Auf der Homepage sind im digitalen Archiv inzwischen mehr als 6.000 Dokumente, darunter Erstausgaben und Autographen, vollständig einsehbar. www.beethoven-haus-bonn.de

Ein zweites für die ehemalige Bundeshauptstadt charakteristisches Museum ist das preisgekrönte **Haus der Geschichte** (Willy-Brandt-Allee 14) an der Bonner Museumsmeile, das der deutschen Geschichte von 1945 bis zur Gegenwart gewidmet ist. Auf den ersten Blick wirkt es mit seinen Autos, Staubsaugern, Plakaten und Kohls Kanzler-Strickjacke wie die sehr bunte und große Requisitenkammer einer gigantischen Filmproduktion der Vergangenheit: Mit diesen Dingen, ist man versucht zu denken, ist damals also der Film ‚Deutschland' gedreht worden ...

Doch diese Vielfalt und Gegenständlichkeit ist Teil des Konzepts. Mit seinem Ziel, Geschichte ‚erlebbar' zu machen, auch durch viel audiovisuelles Material, ist das Haus der Geschichte zu einem der meistbesuchten Museen Deutschlands geworden. Die politische Entwicklung der Bundesrepublik sowie der DDR wird anhand von Alltagsgegenständen und kulturgeschichtlichen Details konkret. Auch die regelmäßigen Sonderausstellungen sind einen Besuch wert. Und: Der Eintritt ist frei! www.hdg.de/bonn

Nicht weit vom Haus der Geschichte liegt das städtische **Kunstmuseum Bonn** (Friedrich-Ebert-Allee 2), DAS Juwel der Bonner Museumsarchitektur. Es beherbergt vor allem Werke des Rheinischen Expressionismus, besonders seines Protagonisten August Macke, aber auch von dessen Freund Max Ernst, und deutsche Kunst seit 1945. Daneben befinden sich hier eine umfangreiche grafische und eine bedeutende Videosammlung. Die Tageskarte kostet dich 7 bzw. 3,50 Euro (montags geschlossen).
www.kunstmuseum-bonn.de

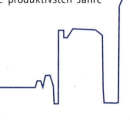

Auf der gegenüberliegenden Seite des Museumsplatzes steht die **Kunst- und Ausstellungshalle der Bundesrepublik Deutschland** (Friedrich-Ebert-Allee 4), kurz **Bundeskunsthalle**, ein architektonischer Prestigebau der Museumsmeile.

Hier werden lediglich Wechselausstellungen gezeigt, das Haus selbst verfügt über keine eigene Sammlung. Das hat den Vorteil, dass man alle räumlichen und organisatorischen Kapazitäten für die jeweils aktuellen Ausstellungen nutzen kann. Sie drehen sich nicht nur um Kunst, sondern sind oft historischen oder auch technisch-wissenschaftlichen Themen gewidmet. Regelmäßig finden hierdurch weltberühmte Kunstschätze von außerordentlichem Wert ihren Weg nach Bonn.

Doch die Bundeskunsthalle ist nicht nur Ausstellungszentrum: Im Foyer und im so genannten Forum, einem integrierten Veranstaltungsraum, finden Jazz- und Klassik-Konzerte, Lesungen, Diskussionen und Filmvorführungen statt. Im Sommer wird außerdem der

Dachgarten mit seinen charakteristischen spitzen und blauen Lichtschächten zu einem Biergarten mit Bühne für Jazz, Filme, Vorträge oder Skulpturen. Die Tageskarte kostet dich 10 bzw. 6,50 Euro (montags geschlossen). www.bundeskunsthalle.de

August Macke, der Propagandist des Rheinischen Expressionismus und Mitstreiter aus dem Umfeld des Blauen Reiters, wurde zwar im Sauerland geboren, ist aber in Bonn aufgewachsen und von der Stadt als ‚großer Sohn' adoptiert worden. Das **August-Macke-Haus** (Bornheimer Str. 96), in dem der Maler seine produktivsten Jahre

erlebte, zeigt Möbel und Werke des Künstlers und führt Sonderausstellungen zu Mackes Leben und Werk durch.
www.august-macke-haus.de

Über neuere Geschichte und Kunst hinaus hält Bonn auch interessante Museen mit naturwissenschaftlichem oder archäologischem
Hintergrund bereit:

Das **LVR-Landesmuseum** (Colmantstr. 14–16) etwa präsentiert die
Kulturgeschichte des Rheinlandes vom Neandertaler bis in die Neu-
zeit mit thematischen Schwerpunkten und Wechselausstellungen.
www.landesmuseum-bonn.de

Jedes Jahr im Juni organisieren die großen Bonner Museen
das Museumsmeilenfest. --> siehe „Feste & Festivals", S. 227

Das **Deutsche Museum** (Ahrstr.
45) – offiziell „an der Museumsmeile", aber schon in Bad Godesberg und nicht direkt an der B 9
gelegen – stellt zeitgenössische
Errungenschaften der deutschen
Industrie und technische Meilen-
steine aus deren Entwicklungsab-
teilungen aus.
www.deutsches-museum.de/bonn

Ebenfalls an der Museumsmeile liegt das **Zoologische Forschungs-
museum Alexander Koenig** (Adenauerallee 160), kurz **Museum
Koenig**. Mehrere Themenhallen mit aufwendig in Szene gesetzten
Präparaten zeigen dir in der Ausstellung „Unser blauer Planet" die
Vielfalt von Tieren und Lebensräumen. Dazu gibt es mehrere Son-
derausstellungen, Führungen und Veranstaltungen. Im gleichen
Gebäude befindet sich ein Forschungszentrum, das das Museum mit
aktuellsten Neuigkeiten versorgt. www.museum-koenig.de

Bonn endlich
endlich
endlich Bonn
dlich

Nicht nur Mathe-Nerds werden vom **Arithmeum** (Lennéstr. 2) fasziniert sein. Denn neben der weltweit größten Sammlung historischer Rechenmaschinen – darunter auch die aus dem Zweiten Weltkrieg berühmte deutsche Chiffriermaschine ‚Enigma' – kannst du hier auch zahlreiche geometrische und konstruktive Kunstwerke besichtigen. www.arithmeum.uni-bonn.de

Konzerte

Beethovens Geburtsstadt wird oft als „Musikstadt" vermarktet. Aber ist sie das auch? Zweifellos kann Bonn mit einem (im Verhältnis zu seiner Größe) überdurchschnittlichen Angebot an klassischen Konzerten punkten. Eine „Jazzstadt" hingegen kann man Bonn nur eingeschränkt nennen und in der Pop-Sparte muss die Stadt die meisten Top-Acts ans nahe Köln abtreten. Nichtsdestotrotz hat Bonn durchaus musikalische Highlights zu bieten – auch solche, die man in Köln vermisst!

Klassik

Das traditionsreiche **Beethoven Orchester Bonn** kann zur Elite der deutschen Orchesterlandschaft gerechnet werden. Die Musiker geben ca. 20 Sinfoniekonzerte pro Saison. Regelmäßig sind dabei berühmte Solisten aus aller Welt zu Gast. Die angestammte **Beethovenhalle** wird für das Jubiläum zum 250. Geburtstag Beethovens bis 2020 saniert – so muss das Orchester auf andere Spielorte ausweichen.

Wenn das Beethoven Orchester in der Sommerpause ist, finden die **Poppelsdorfer Schlosskonzerte** mit dem zweiten hiesigen Orchester, der klassischen Philharmonie Bonn, statt. Das Orchester organisiert auch Chorkonzerte in Bonner Kirchen.

--> s. „Feste & Festivals", S. 225

Unter dem Namen „Bobbys Klassik" veranstaltet das Beethoven Orchester zudem spezielle Kinder- und Familienkonzerte. Natürlich geben die Orchestermitglieder auch Kammerkonzerte, etwa 35 (!) pro Saison. Und zwar an mehreren, der jeweiligen Konzertreihe angemessenen Spielorten in und um Bonn, z. B. im Opernhaus Bonn oder in der

Villa Prieger. Die Karten für Kammer- und Sinfoniekonzerte kosten, je nach Konzertreihe und Platzgruppe, 10–34 Euro (ermäßigt nur die Hälfte). www.beethoven-orchester.de

Weitere Spielorte, an denen immer wieder klassische Konzerte gegeben werden, sind das **Schumannhaus** (Sebastianstr. 182) in Endenich und das oben genannte **Beethoven-Haus**.
www.schumannhaus-bonn.de www.beethoven-haus-bonn.de

Ein für viele Bonner traditioneller Konzerttermin ist die Aufführung des Bachschen Weihnachtsoratoriums in der evangelischen **Kreuzkirche** am Kaiserplatz. In der atmosphärischen Kirche, die mit mehreren hochkarätigen Ensembles kooperiert, wird aber das ganze Jahr über öffentlich musiziert und konzertiert.
www.kreuzkirche-bonn.de

Eine der ersten Adressen für Liebhaber von Orgelmusik ist außerdem die Beueler **Kirche St. Joseph**, auf deren klangstarkem Instrument jährlich ein Dutzend international besetzter Konzerte gespielt werden. www.internationale-orgelkonzerte.de

Und auch in der katholischen **Pfarrkirche St. Winfried** werden gelegentlich Konzerte realisiert. www.st-winfried.de

Pop, Rock, Jazz & Blues

Natürlich wird aber auch in der Beethovenstadt nicht nur mit Pferdehaar Musik gemacht. Eine große Popmusik-Halle suchst du in Bonn (bisher) zwar vergeblich, aber vom vielbespielten Blues-Club mit illustren Gästen, über kleine Rock-Kneipen, bis zur Open Stage zum Selberschrammeln – Abwechslung ist garantiert.

Ein breites stilistisches Spektrum bietet dir die Endenicher **Harmonie** (Frongasse 28–30). Das über die Generationen hinweg äußerst beliebte Lokal ist Kneipe, Restaurant, Biergarten (400 Plätze!) und Konzertsaal in einem. Nebenbei ist es einer

der unersetzlichsten Blues-Clubs im weiten Umfeld, in dem sich die ältere und jüngere Szeneprominenz die Klinke in die Hand gibt.

Aber es wird nicht nur Blues gespielt, auch viele Rock-Coverbands, Liedermacher, Deutschrocker und Altstars betreten die Bühne – und zur fünften Jahreszeit tauchen plötzlich Karnevalskapellen auf. www.harmonie-bonn.de

Zwei weitere merkenswerte Locations, die ganzjährig bespielt werden, sind zum einen das **Beueler Brückenforum** (Friedrich-Breuer-Str. 17), in dem außer Karnevalsveranstaltungen, Abibällen und der Reptilienbörse auch schwer unter einen Hut zu bringende Pop-Konzerte veranstaltet werden; und zum zweiten die bereits genannte **Beethovenhalle**, in der neben Klassischen Konzerten, Musicals und Comedystars auch – aber nicht häufig – Pop-Acts zu hören sind.

Jazzfans sollten sich folgende Lokale in Bonn und Umgebung merken, denn hier wird regelmäßig in kleiner Besetzung geswingt:

In **Sonja's Kneipe** (Friedrichstr. 13) in der Fußgängerzone vibrieren samstags regelmäßig ab 16.00 Uhr die Gläser zu Traditional Jazz, Bossa Nova und Co. Alle Termine findest du unter:
www.sonjas-bonn.de --> Aktuelle Jazztermine

Das **Siegburger Brauhaus** (Holzgasse 37–39, 53721 Siegburg) wartet beim Jazz-Frühshoppen mit wechselndem Programm auf. Er findet mehrmals im Jahr immer samstags um 11.00 Uhr statt. Die genauen Termine findest du unter: www.siegburger-brauhaus.de
--> Jazz im Brauhaus

Im **Fritz' Café** in der Uni (An der Schlosskirche 4) findet jeden zweiten Donnerstag im Monat die „jazzbar" statt. Die Akustik ist hier besonders gut und der Eintritt ist frei! Auf einer fest installierten Bühne finden hier auch die „hörbar" (eine Lesungsreihe) und die „quizbar" statt. www.facebook.com/InfoCafeUBonn

Daneben wird auch in anderen Bonner Lokalitäten sporadisch Live-Jazz gegeben, z. B. in der **Café-Bar Galestro** (Am Neutor 8) oder in der Gaststätte **Rheinbrücke** (Konrad-Adenauer-Platz 2), die häufiger mal zum „Jazz op de Schäl Sick" nach Beuel lädt.
www.galestro.com
www.rheinbruecke-beuel.de
--> Veranstaltungen

Im Sommer solltest du mindestens einmal in die Rheinaue radeln und im Biergarten des **Parkrestaurants Rheinaue** zu Bier und warmer Küche ein kostenloses Open-Air-Konzert mitnehmen!

--> siehe „Feste & Festivals", S. 227

Wenn du Big-Band-Jazz magst, lohnt es sich, hin und wieder die Homepage des Leiters der **Bonner Uni-Bigband** aufzurufen, denn

die präsentiert mehrmals im Jahr erstaunliche Arrangements, z.B. jeweils zum Semesterabschluss in der Aula. www.oliver-pospiech.de

Wen es nach so viel Livemusik selbst in den Fingern juckt, an einer mehr oder minder virtuosen Jam-Session teilzunehmen, der kann dies jeden Donnerstag ab 21.00 Uhr im **Jazzclub Session** (Gerhard-von-Are-Str. 4–6) tun. Interessierte melden sich bitte „beim Tom". www.sessionbonn.de

Literatur

Zu Hause im Sessel ein Buch zu lesen, ist manchmal einfach das Beste. Auf Dauer fehlt da jedoch der Kontakt zum Gegenüber. Also raus aus den eigenen vier Wänden und ab ins literarische Leben in Bonn!

Die erste Anlaufstelle dafür ist das **Literaturhaus Bonn** (Bottlerplatz 1). Mehrmals im Monat lesen hier AutorInnen aus aller Welt aus ihren Büchern oder Schauspieler aus Klassikern. Nach jeder Lesung folgt ein Gespräch. Daneben werden Schreibworkshops veranstaltet, literaturbezogene Filme gezeigt und weitere, auch thematisch übergreifende Aktivitäten mit und zur Literatur gepflegt. Eintritt: 12/6 Euro. www.literaturhaus-bonn.de

Eine nicht weniger interessante Adresse (nicht nur) für Literaturfreunde ist die **Buchhandlung & Galerie Böttger** gleich gegenüber vom Hauptbahnhof. Das großartig sortierte Geschäft für neue und ältere Bücher, das kaum Bestseller führt,

aber fast alle Autoren, die Literaturliebhaber lieben, ist zugleich eine etablierte Stätte für besondere Kulturveranstaltungen: Vorträge, Rezitationen zu Musik, Präsentationen, Kunstausstellungen und auch vielstündige, ja sogar mehrtägige Lesungen eines ganzen Romans. Der Eintritt  kostet in der Regel 8 bzw. 6 Euro, manche Veranstaltungen sind auch frei. www.buchhandlung-boettger.de

Dass Dichtung auch in einer weniger nüchternen Atmosphäre floriert, beweisen diverse **Poetry-Slams** in Bonn. Diese Art Dichterwettstreit in Kneipenumgebung findet vor allem im altstädtischen **Nyx** (Vorgebirgsstr. 19) statt, wo einmal im Monat der „Rosenkrieg" erklärt wird (die Gäste stimmen mit Rosen für ihren Favoriten ab). www.das-nyx.de

Falls du selber schreibst und dir von gut geschraubten Sätzen noch andere Wirkungen erhoffst als ein fröhlich johlendes Destillenpublikum, dann solltest du dich vielleicht beim Literaturwettbewerb der **Bonner Buchmesse Migration** melden. Immer im Herbst veranstaltet das Bonner Institut für Migrationsforschung und Interkulturelles Lernen (BIM) im Haus der Geschichte eine Messe mit vielen Lesungen, Fachtagungen und kulturellem Rahmenprogramm.

Zu letzterem gehört auch die Ehrung mit Lesungen je dreier prämierter Autoren in den drei Kategorien Gedichte, Erzählungen und Kurzgeschichten sowie Kinder- und Jugendliteratur. www.bonnerbuchmessemigration.de

Bonn endlich endlich Bonn ndlich

Musik

Musik

Bierbank

Musik

Straßenfest

Feier

Musik

Fe

Straßenfest

Feie

Musik

In der Rheinaue

Rhein in Flammen

Das Fest **Rhein in Flammen** (erstes Maiwochenende) findet in einigen Städten zwischen Bonn und Linz statt – und im Bönnsche ist es eins DER Großereignisse schlechthin. Was passiert? Eine hübsch beleuchtete Schiffsflotte schippert den Rhein entlang, dazu gibt's Musik und ein großes Feuerwerk. Warum ist das so besonders? Weil dies genau auf dem Rheinabschnitt bei der Bonner Rheinaue stattfindet und diese am Samstag zum Hexenkessel wird. Bereits am frühen Morgen treffen die ersten Feuerwerksbegeisterten ein – und zwar aus der ganzen Republik – und reservieren sich die besten Plätze mit Jacken und Decken.

Da der Eintritt frei ist, sind auch ruckzuck alle Hänge mit Blick auf den Rhein von gut gelaunten Zuschauern bevölkert und ab dem späten Nachmittag wirst du es bei gutem Wetter schwer haben, noch ein Plätzchen zu bekommen. Macht aber nichts, du kannst genauso gut erst später kommen und dich bis zum Feuerwerk (meist gegen 22.30 Uhr) an den Imbiss-Ständen, auf der großen Kirmes oder vor den Musikbühnen vergnügen.

Natürlich gibt's auch ein paar Regeln: Du darfst bis auf einen Liter Wasser keine Getränke und auch nichts zu essen mit auf das Gelände nehmen (das wird an den Eingängen kontrolliert). Das heißt, jegliche Form des Grillens ist ebenfalls untersagt. Allerdings aus gutem Grund: Sonst reiht sich am nächsten Tag Brandloch an Brandloch.

Wenn du nicht Teil der riesigen Menschenkolonie an den Hängen der Rheinaue werden willst und nicht auf dichtes Gedränge stehst, geh am besten schon am Freitag hin. Da gibt's abends nämlich auch schon ein gutes Bühnenprogramm und die Besucherzahl hält sich noch in Grenzen. Am Sonntag wird zum Abschluss ein buntes Familienprogramm geboten. www.rhein-in-flammen.com --> Bonn

Heiße Tipps für Rhein in Flammen:

Verlege dein Picknick auf die Wiesen außerhalb des eingezäunten Party-Geländes, dort kannst du Selbstmitgebrachtes verputzen so viel du willst.

Verabrede dich auf jeden Fall vorher mit deinen Freunden an einem eindeutigen Treffpunkt (z. B. am Posttower oder der U-Bahn-Haltestelle), denn oft sind die Netze überlastet und Handys funktionieren nicht.

Geh zu Fuß oder fahr am allerallerbesten mit dem Fahrrad. So kommst du stressfrei an und kannst nach dem Feuerwerk den eingequetschten U-Bahn-Fahrern von draußen freundlich zuwinken.

Von der Beueler Rheinseite sieht die Pyrokunst im Bonner Nachthimmel auch toll aus. Da ist es weniger voll, außerdem gibt's viele ausgewiesene Grillplätze.

Ballonfestival Bonn

Hoch hinaus geht's beim **Ballonfestival** (Anfang Juni) in der Rheinaue. Etwa 20 Ballonteams heben mehrmals von dort ab und nehmen dich mit, um dem Himmel über der Stadt persönlich einen Besuch abzustatten – naja, zumindest wenn du knapp 200 Euro übrig hast.

Kein Grund traurig zu sein, wenn das dein Budget übersteigt: Es ist schon alleine hübsch anzusehen, wie sich die gigantischen Luftriesen am Boden aufblähen und schließlich als elegante Himmelsfahrzeuge zwischen den Wolken schweben. Und du kannst stattdessen Bungee-Trampolin springen, im „Ballon am Kran"

fliegen oder dich beim „Zorbing" in einem durchsichtigen Gummiball über die Wiese kugeln. Ein ganz besonderer Anblick ist übrigens das abendliche Ballonglühen: Die Ballonführer befeuern ihre Luftgefährte am Boden mit den Brennern und bringen sie so zum Leuchten. Absoluter Romantikfaktor! www.ballonfestival-bonn.de

Bonner Bierbörse

Wenn du bei der **Bonner Bierbörse** (drittes Juliwochenende, Rheinaue) an einen Haufen Betrunkener unter freiem Himmel denkst, ist das – nun ja – nicht ganz falsch. Allerdings ist sie trotzdem eins der friedlichsten Feste in der Rheinaue. Vielleicht macht es die Mischung aus alten und jungen Bierliebhabern, die bei schönem Wetter in Bonns größtem „Freiluft-Biergarten" zusammensitzen und einige der mehr als 600 angebotenen Sorten testen. Kühle

Spezialitäten aus aller Welt, helle, dunkle, herbe, milde, süße und völlig ausgefallene Biere – da ist vermutlich auch etwas für dich dabei. Dazu beschallen Bands die Gäste mit durchaus anspruchsvollen (und meist eher rockigen) Covern und Evergreens. www.bierboerse.com

--> Bonn

Vielfalt! Das Bonner Kultur- und Begegnungsfest

Die **Vielfalt!** (im Mai/Juni) ist was für dich, wenn du es am liebsten bunt, offen und experimentierfreudig magst. Internationale Tanzgruppen, Ensembles, Vereine und Organisationen stellen sich vor und führen auf den Rheinauewiesen und der Bühne ihre Choreografien auf. Der ein oder andere exotische Leckerbissen wird dich sicher anlachen, wenn du an den vielen Ständen mit heißen und kalten Speisen vorbeischlenderst. www.bonn.de/@begegnungsfest

Straßenfeste

Beueler Bürgerfest

Am ersten Sonntag im September ist in Beuels Straßen buntes Treiben angesagt – und das nicht nur, weil es beim **Beueler Bürgerfest** einen verkaufsoffenen Sonntag gibt. In erster Linie locken mehrere Bühnen mit viel Musik und genug zu essen und zu trinken die Beueler und Bonner aus ihren Häusern. Stürz dich auf jeden Fall mal ins Getümmel, denn hier kann man von morgens bis abends feiern und klönen. www.gewerbegemeinschaft-beuel.de --> Veranstaltungen

--> Bürgerfest

Bonn endlich

endlich endlich

dlich Bonn

BonnFest

Das **BonnFest** findet an einem Wochenende Ende September/ Anfang Oktober statt und lockt jährlich hunderttausende Besucher an: Auf die gesamte Innenstadt verteilt gibt es Musik, Aktionen, jede Menge Kunsthandwerk- und Fressstände, einen Riesenspiel- platz und einen Mittelaltermarkt. Auf dem Münsterplatz wird auf einer großen Bühne Musik und Tanz geboten und für die Shopping- Begeisterten gibt es einen verkaufsoffenen Sonntag.
www.bonn-city.de --> Events

Kirschblütenfest

Vor dem Hintergrund hübscher Gründerzeithäuser reiht sich in eini- gen Straßen der Bonner Altstadt eine Japanische Zierkirsche an die andere. Und einmal im Jahr – ungefähr im April – verwandeln sich diese Alleen in ein einziges rosafarbenes Blütenmeer. Immer dann, wenn die hübschen Bäume in ihrer vollen Blüte stehen, findet auch

das **Kirschblütenfest** statt: Rund um die Heerstraße und Breite Straße wird gefeiert und fotografiert, es gibt Livemusik, japanische Kampfkunst wird vorgeführt, die ansässigen Cafés und Secondhand-Läden laden ein und es findet ein großer Flohmarkt statt. Wenn dir ein besonders romantischer Schnappschuss gelingt, solltest du ihn unbedingt gleich beim Kirschblüten- Fotowettbewerb einreichen.

Promenadenfest Beuel

Das **Promenadenfest** findet im Juni vor der tollen Kulisse des Beue- ler Rheinufers statt. Vereine und Einrichtungen präsentieren sich, dazu gibt's Musik, Tanz, Essen und so manches mehr.

Stadtfest Bad Godesberg

Kulturelles in allen Variationen, Musik, Kulinarisches, Kinderpro-
gramm und einen verkaufsoffenen Sonntag gibt's auch beim **Stadtfest Bad Godesberg**. Es findet an einem Sommerwochenende im
August oder September statt. www.godesberg-stadtmarketing.de

--> Veranstaltungen --> Stadtfest

Tag der Vereinten Nationen

Als UNO-Stadt feiert Bonn an einem Wochenende Ende Oktober
den **Tag der Vereinten Nationen** (um den 24. Oktober). Auf dem
Marktplatz werden Infostände aufgebaut, an denen sich Organisationen und Institutionen der UNO vorstellen. Das klingt erst mal
nicht nach einem rauschenden Fest – aber direkt nebenan wird die
kulturelle Vielfalt ganz ausgelassen mit Musik und Tanz gefeiert:
Auf einer Open-Air-Bühne geben internationale Künstler die Musik
ihres Landes zum Besten und entführen dich ganz schnell irgendwo
in die Ferne.

Sommerfeste

Beim **Derletalfest** (In der Dehlen, Juni/Juli/August) präsentieren
Vereine, Gruppen und Organisationen aus Duisdorf und Hardtberg
ihre Stände – und zwar im Grünen. Das Derletal ist neben der
Rheinaue eins der beliebtesten und größten Naherholungsgebiete
in Bonn. Ein Wochenendausflug lohnt sich auch ohne Fest.

Eine Reise in die Zeit der Ritter und Burgfräulein kannst du beim
Mittelalterfest in Bad Godesberg (auf der Godesburg, erstes Juni-
wochenende) unternehmen. Dort guckst du Handwerkern und
Gauklern über die Schulter und feuerst bei Ritterkämpfen deinen
Favoriten an. Ein Plus: Es ist zusätzlich verkaufsoffener Sonntag in
der Godesberger City.

Das **Sommerfest Bad Godesberg** (Juli/August) findet an einem Samstag im Godesberger Stadtpark statt. Auf zwei Bühnen wird Musik gespielt, viele Vereine aus dem Bezirk organisieren Stände und Aktionen, es gibt Essen, Bücher, Flohmarkt und, und, und …

Bälle

Der **Bonner Universitätsball** (Mitte Juli) ist Teil des jährlichen Unifestes. Er ist damit in erster Linie auch eine Veranstaltung für die jeweiligen Absolventen eines Jahrgangs – mit einer Karte zwischen 25 und 60 Euro kannst du dort aber jederzeit mitfeiern.

An der Bonner Uni gibt es übrigens eine richtig große zeremonielle Abschlussfeier für die Absolventen: mit Robe, Hut und Sternmarsch!

Kirmes / Volksfeste

Wer in Bonn „Kirmes" sagt, meint in erster Linie **Pützchens Markt** am zweiten Septemberwochenende des Jahres. Das klingt nach putziger, kleiner Losbude und Kettenkarussell, ist aber tatsächlich einer der größten und umsatzstärksten Jahrmärkte des Rheinlands. Hier kannst du in allen erdenklichen, mehr oder weniger extremen Variationen der Schwerkraft trotzen, dich rund und kugelig essen

oder in den vielen Partyzelten ordentlich feiern gehen. Zu diesem Sechs-Tage-Spaß für Jung und Alt reisen auch viele Besucher extra von weit her an. Apropos Anreise: Aus dem Zentrum bis nach Pützchen dauert es schon seine 20 Minuten mit dem Rad, allerdings setzt die Stadt viele Sonderbusse ein, so dass du eine gute Alternative hast. www.puetzchens-markt.de

Wer nicht bis September warten möchte, kann auf der **Beueler Osterkirmes** an der Kennedybrücke bereits im Frühling ein bisschen Jahrmarktluft schnuppern. Von Ostersamstag bis zum Sonntag nach Ostern dauert das beschauliche Spektakel und erreicht seinen Höhepunkt mit einem Feuerwerk am vorletzten Tag. Ähnlich sieht's mit der **Peter-und-Paul-Kirmes** (um den 29. Juni, ebenfalls an der Kennedybrücke) aus: klein, familienfreundlich, ideal zum gemütlichen Bummeln.

Karneval

Wer am Niederrhein „Fastnacht" sagt, ist sicher nicht hergezogen, um Karneval zu feiern. Alle anderen wissen natürlich, dass Bonn eine **KARNEVALshochburg** ist, in der Kostüme, Rausch und Partystimmung sich genauso durch die Straßen drängen wie in Köln – mit dem feinen Unterschied, dass man den unangenehmeren Seiten des Feierns längst nicht so ausgeliefert ist wie in der völlig außer Rand und Band geratenden Domstadt.

Der Bonner Straßenkarneval beginnt an **Weiberfastnacht** im rechtsrheinischen Beuel. Hier ist der Donnerstag vor Aschermittwoch einer der Hauptnarrentage. Wer in Beuel am 52. Tag vor Ostern joggen geht, wird sich nicht müde laufen, denn er kommt nicht weit. Um 12.00 Uhr stürmen die „Beueler Wäscherinnen" das Rathaus, davor hat es bereits einen Umzug dorthin gegeben und auch danach sind die Straßen voller Feiernder.

Die Beueler Top-Adresse für ausgelassene und fantasievolle Karnevals-Partys ist die **Rheinlust** (Rheinaustr. 13), eine Kneipe direkt am Rheinufer neben der Kennedybrücke. Das heißt aber nicht, dass auf der anderen Seite des Rheins (später) nicht auch gefeiert wird!

Natürlich geht das ausgelassene Treiben am **Karnevalsfreitag** weiter, aber erst am **Karnevalssamstag** gibt es mit den **Viertelzügen**

("Veedelszoch") wieder offizielle Feierlichkeiten. An beiden Tagen wird der Straßenkarneval auch in den Kneipen der Alt- und Innenstadt ausgetragen, von denen es kaum eine gibt, die nicht an mindestens einem Tag des Wochenendes eine Party mit narrentypischer Musik zum Mitsingen und Verbrüderungsschunkeln schmeißt.

Am **Karnevalssonntag** steht der Sturm aufs Bonner Rathaus auf dem Programm, ein zirkusähnliches Event mit den „Bonner Stadtsoldaten", Pferden und Kanonen. In Endenich, Bad Godesberg und LiKüRa (Limperich, Küdinghoven und Ramersdorf) finden am Sonntag die größten Viertelszüge statt. Auch an diesem Tag kommt der Kneipenkarneval nicht zur Ruhe – schließlich stellen im Rheinland viele Arbeitgeber ihre Mitarbeiter am Rosenmontag frei.

Der **Rosenmontag** ist der Höhepunkt des Bonner Karnevals und wird mit einem großen **Rosenmontagszug** durch die Innenstadt begangen (Er startet meist in der Thomasstraße, in der Nähe des Alten Friedhofs), bei dem schon mal eine Viertelmillion Zuschauer anwesend sein können. Wer die traditionellen Umzüge scheut, kann zum Carpe Cult Karneval in Bonns Discothek Nr. 1 **Carpe Noctem** (Wesselstr. 5) wechseln, wo der Eintritt für Kostümierte frei ist.

Neben dem Straßenkarneval gibt es natürlich noch den **Sitzungskarneval**, der schon ab Neujahr beginnt. Vor allem die großen Bonner Karnevalsvereine versorgen die Stadt in den beiden Monaten bis Weiberfastnacht mit einem knappen Dutzend Sitzungen aller Art, die größten von ihnen finden in der Beethovenhalle statt. Einzelkarten kosten etwa 10–40 Euro. Einen Überblick über die Szene verschafft dir die Seite www.kamelle.de

In Bonn heißt es übrigens „(Bonn) Alaaf" und nicht etwa „Helau" oder „Narri" …

Festivals

Manchmal muss es einfach etwas mehr sein. Da braucht man, um sein kulturelles Herz zu wärmen, einen emotionalen Außergewöhnlichkeitsbonus – und das am besten gleich ein paar Tage lang. Zum Glück gibt's dafür ja Festivals!

Musik

Das klassische Schmuckstück unter den Bonner Festivals ist natürlich das **Beethovenfest**. Es ist sozusagen das Collier unter den Klassik-Ereignissen, denn es reiht in der Tat die Brillanten des internationalen Betriebs aneinander: Mit Maurizio Pollini, András Schiff, Anne-Sophie Mutter, Hélène Grimaud u.v.a. sind die Größten ihrer Zunft auf der Gästeliste vertreten. Auch rein quantitativ ist das Beethovenfest mit seinen ca. 60 Konzerten an mehr als 20 Spielstätten beeindruckend. Die Kartenpreise variieren stark und beginnen im Schnitt bei ca. 20 Euro (Ermäßigungen um 50 % für Studenten). www.beethovenfest.de

Nicht nur im Winterhalbjahr werden viele Bonner Kirchen zu Konzertsälen für klassische Musik. Während des mehrwöchigen **Bonner Orgelfestes** im Frühjahr spielen renommierte Organisten aus dem In- und Ausland an allen großen Orgeln Werke von Bach und anderen Komponisten bis hin zu zeitgenössischer Musik. Die Preise liegen zwischen gratis und 15 Euro. www.bonnerorgelfest.de

An sechs Samstagen im Sommer finden die **Poppelsdorfer Schlosskonzerte** der Klassischen Philharmonie Bonn, statt. Programmatischer Schwerpunkt der Reihe ist die Wiener Klassik, du begegnest also Haydn, Mozart und Beethoven.
www.klassische-philharmonie-bonn.de

In der atmosphärischen Kreuzkirche am Kaiserplatz, in der hochkarätige Ensembles zu hören sind, ist das **Bachsche Weihnachtsoratorium** der jährliche Höhepunkt: So kommt im Dezember garantiert Weihnachtsstimmung auf. www.kreuzkirche-bonn.de

Seit 2010 hat Bonn auch ein großes Jazz-Festival: Das **Jazzfest Bonn** bringt in einer Woche an Locations in der ganzen Stadt (u.a. in den Firmenzentralen der Sponsoren Post und Telekom) Jazz-Ikonen wie Ron Carter, die nachwachsende Avantgarde der Szene und stilistische Grenzgänger auf die Bühne. www.jazzfest-bonn.de

Keinen Eintritt nehmen die Veranstalter des **Green Juice Festivals**, einem Punk- und Alternative-Open-Air, das seit 2008 jährlich an einem Spätsommertag im Park in Neu-Vilich stattfindet. Das von Jugendlichen organisierte Festival zieht jedes Jahr mehr (inzwischen zwei-bis dreitausend) Besucher an. www.green-juice.de

Hinter dem Posttower, direkt am Rhein, lockt jeden Sommer das Open-Air-Festival **Kunst!Rasen** (Charles-de-Gaulle-Str.) angesagte Künstler aus dem In- und Ausland nach Bonn. Von Rock und Pop über Jazz bis zu Klassik ist alles dabei – die Musik ist immer erstklassig und die Umgebung mit See, Biergarten und Rhein auch ziemlich unschlagbar. www.kunstrasen-bonn.de

Lokale und internationale Musiker zieht es – zusammen mit vielen Besuchern – im August/September in den Bonner Stadtgarten: Auf einer Bühne am Alten Zoll bekommst du bei den **Stadtgartenkonzerten** Weltmusik, Gypsy-Swing, Balkan-Sounds, Punkrock, Reggae, Jazz oder Pop geboten – und das Ganze gibt's sogar gratis! www.bonn.de/@stadtgartenkonzerte

Im Hochsommer kannst du jeden Tag (außer sonntags) in den Genuss eines kostenlosen Open-Air-Konzerts kommen! Von Anfang Juli bis Mitte August findet im großen **Biergarten des Parkrestaurants Rheinaue** (Ludwig-Erhard-Allee 20) – einem pagodenartigen, achteckigen Gebäude – das **SWB-Sommerfestival** statt. Und das lädt jede Menge hörenswerte Rock-, Soul-, Jazz- und Latin-Bands auf seine Bühne ein, darunter viele Tribute-Bands, die z.B. Joe Cocker, die Beatles, Billy Joel oder Earth, Wind and Fire covern. Los geht es jeden Tag um 19.30 Uhr. www.rheinaue.de

Theater & Museum

Zum Abschluss jeder Theatersaison findet an einem langen Frühsommerabend in quasi allen Theatern der Stadt die **Bonner Theaternacht** statt. Mit über 100 (Kurz-)Vorstellungen an etwa 30 Spielstätten ist sie das größte städtische Ereignis im Theaterjahr. Und so funktioniert's: Mit dem „Starterticket" (für 19,50 / 13 Euro) buchst du nur die erste Vorstellung und wirst mit derselben Karte bei allen Folgeveranstaltungen und Locations eingelassen. Auf einem „Timetable" kannst du sehen, wann was wo anfängt, worum es geht und um welche Uhrzeit der jeweilige Vorhang wieder fällt. Die meisten Vorstellungen sind nur 30 Minuten lang, damit genug Zeit bleibt, mehrere Spielorte, -stile und Ensembles kennenzulernen oder wiederzusehen. www.bonnertheaternacht.de

Immer einen Besuch wert ist auch das jährlich im Juni stattfindende **Museumsmeilenfest**, bei dem sich die fünf großen Bonner Museen an mehreren Tagen mit vielfältigem und oft sehr originellem Zusatzprogramm in Szene setzen. www.museumsmeilebonn.de

Einmal jährlich organisiert die simsalabonn e.V. die **Bonner Zauberwochen**. Auf verschiedenen Bühnen der Stadt präsentieren Zauberkünstler ihre magischen Tricks. Und das abwechslungsreiche, mitreißende Programm hat weit mehr zu bieten als olle Karnickel ...
www.simsalabonn.de --> Die Bonner Zauberwochen

Bonn

endlich

endlich

...dlich

Bonn

Tieropfer

Emanzipation

Wäscheprinzessin

Emanzipation

Bröckemännche

Schäl Sick

Sch

endlich!

A

Sc

Emanzipation

Schäl Sick

Alle-mal-malen

Bröckemännche

Mythen
Mythen
Mythen

Alle-mal-malen

Emanzipation

Schäl Sick

Bröckemännche

Emanzipation

Pferd

mal-malen

Alle-mal-malen

Schäl Sick

Emanzipation

Tieropfer

Pfe

scheprinze

Bröckemännche

Sick

Tieropfe

Bröckemännche

mal-mal

Schäl

Natürlich hat Bonn auch eine Gerüchteküche und viele Mythen ranken sich um die Stadt und ihre Bewohner. Dabei spielt häufig der Rhein eine zentrale Rolle, schließlich fließt der breite Strom mitten durch die ehemalige Bundeshauptstadt.

Die „Schäl Sick" und das Bröckemännche

Den gesamten Rhein entlang findet man immer wieder die Einteilung in links- und rechtsrheinische Gebiete – und meistens ist es der rechtsrheinische Bezirk, der weniger gut abschneidet. In Bonn (und genauso in Köln) spricht man in diesem Zusammenhang von der „Schäl Sick", also der „schlechten" Seite.

Von blinzelnden Pferden

Der kölsche Ausdruck „schäl" stammt ursprünglich von „schäle", was so viel bedeutet wie „blinzeln" und im näheren Zusammenhang mit „schielen" oder „scheel anblicken" steht. Jetzt ist es natürlich nicht so, dass alle Beueler schielen oder einen seltsamen Blick haben. Die Bezeichnung für die rechtsrheinische Seite stammt vermutlich aus Zeiten, in denen die Schiffe flussaufwärts noch von Pferden gezogen wurden. Durch die einfallende Sonne und Spiegelungen im Wasser wurden die Tiere geblendet und „blinzelten". Darum setzte man ihnen auf der „Schäl Sick" Scheuklappen auf.

Von Einäugigen und schielenden Gottheiten

Eine andere Erklärung für den Ausdruck „Schäl Sick" stammt aus der Zeit, als Bonn noch römisch war: Die alten Ledersandalenträger hatten den linksrheinischen Bereich in Beschlag genommen und sahen den Fluss hier als natürliche Grenze ihres Reiches an. Die Römer waren größtenteils christlich, darum waren ihnen die Germanen auf der anderen Rheinseite mit ihren fremden Bräuchen etwas suspekt. Und auch die germanischen Götter, allen voran der

Göttervater Odin, waren ihnen fremd. Dieser Odin war zudem ein-
äugig und schielte die (Un-)Gläubigen deshalb recht böse an. Die
Germanen verehrten also „Schäl Odin" und somit war ihre Rheinseite für die Römer die des schielenden Gottes.

Die Beueler machen unbeeindruckt
von diesen Mythen um die „Schäl
Sick" das Beste aus ihrer Lage auf
der angeblich „schlechten" Seite.
Sie betrachten ihre Heimat einfach als die Sonnenseite Bonns
– und tatsächlich kann man sich
häufig am rechten Rheinufer noch
in der Sonne räkeln, wenn Bonn-
Zentrum schon im Schatten liegt.

Neidischer Blick von Bonn-Zentrum auf
die sonnige „Schäl Sick" in Beuel

Der Streit um die Rheinbrücke

Ein besonders heftiger Streit zwischen den beiden Ufern entbrann-
te 1898 um den Bau der ersten Rheinbrücke. Streitpunkt war der
genaue Standort der Brücke, den die Beueler lieber etwas weiter
nördlich als geplant gesehen hätten, da sich dort das damalige
Ortszentrum befand. Die linksrheinischen Bonner aber bauten die
Brücke nach den ursprünglichen Plänen, weshalb sie auf der rechten Rheinseite im freien Feld endete. Das führte dort zu einigem
Unmut und die Beueler wollten sich finanziell nicht mehr am Bau
beteiligen.

Linksrheinisch konnte man das aber nicht auf sich sitzen lassen und
installierte an der Brücke das „Bröckemännche", das der rechten
Rheinseite als unmissverständliche Geste sein Hinterteil entgegen-
streckt (heute ziert eine Nachbildung die Kennedybrücke). Die
Beueler antworteten allerdings mit rheinischem Humor und stellten
im Gegenzug das Brückenweibchen auf, eine keifende Waschfrau,
die der gegenüberliegenden Seite mit einem Hausschuh droht.

Bonn   endlich

endlich

dlich   Bonn

Bonn als Wiege der Emanzipation

So ganz an den Haaren herbeigezogen ist dieser Mythos tatsächlich nicht. In Bonn wurde nämlich ganz handfest und proletarisch für Gleichberechtigung gestritten. Früher war Bonn-Beuel bekannt für seine Wäschereien und die hiesigen Waschfrauen reinigten den größten Teil der dreckigen Wäsche der umliegenden Ortschaften. Doch ein Problem mit der Wäsche hatten die Frauen nicht, es war etwas anderes, das ihnen stank: die ungebrochene Männerherrschaft im Karneval.

Also beschlossen sie im Jahr 1824, selbst Herrinnen über die närrische Zeit zu werden. Für ihre Rebellion gegen die bestehenden Karnevals-Konventionen hatten sie sich den Donnerstag vor den höchsten Feiertagen ausgesucht. So entstand durch das Beueler Damenkomitee von 1824 der traditionelle Beginn der Karnevalstage am inzwischen überregional bekannten „Weiberdonnerstag", der mit der Stürmung des Beueler Rathauses einhergeht. Seit 1958 haben die Beueler Wäschefrauen auch ihre eigene Karnevalsprinzessin, die natürlich „Wäscheprinzessin" heißt.

www.waescherprinzessin.com

--> mehr zum Bonner Karneval s. „Feste und Festivals", S. 223

Die seltsamen Rechte der Bonner Professoren

In Bonn hält sich das hartnäckige Gerücht, dass Bonner Professoren das Recht zustehe, auf der Hofgartenwiese eine Ziege auszuweiden. Kann das sein? Trotz mitunter etwas seltsamer Forschungsinteressen ginge das doch ein wenig zu weit – oder? Obwohl uns aus den letzten Jahren kein derartiges Tieropfer bekannt ist, sind wir der Sache nachgegangen und Recherchen im Universitätsarchiv haben nun die Wahrheit ans Licht gebracht.

Vielen Dank Herrn Selmann an dieser Stelle!

Ganz friedlich: Das Hauptgebäude der Bonner Uni im Zentrum der Stadt

Es ist wohl irgendwann zwischen dem 19. und 20. Jahrhundert vorgekommen, dass das Agrarwissenschaftliche Institut auf der Poppelsdorfer Allee im Zuge von Feldversuchen Kühe ausweidete. Und das muss den Passanten aufgefallen sein – gut, wem würde so etwas nicht auffallen – aber: Irgendwie wurde beim Weitertratschen im Laufe der Zeit aus der Kuh eine Ziege, aus der Poppelsdorfer Allee der Hofgarten und aus einem Feldversuch ein für Professoren gestattetes Tieropfer. Die Geschichte ist also glücklicherweise nur ein Produkt kreativer Gerüchteküche!

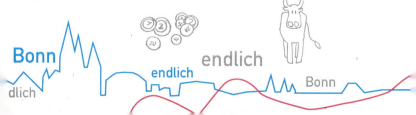

er dreieckige Marktplatz

Tote Taube

Angst vor der Angst

Boat Trip

Tote Taube

Angst vor der Angst

Das Treibhaus

Rheinische Elegie

Rhein...

Das Treibhaus

Ansichten eines Clowns

Rheinische Elegien

us Treibhaus

Kelly / Bastian

eelengrab

Rheinische Elegien

fiktiv

Bonn

Bonn

fiktiv

fiktiv

fiktiv

Das Treibhaus

A Small Town in Germany

dreieckige Ma

Der dreieckige Marktplatz

Boa

Das Trei

Boat Trip

Das Treibhaus

Und oben schläft

Das richtige Leben ist manchmal einfach zu langweilig. Mit anderen Worten: Es regnet ohne Unterbrechung und abgesehen davon ist nix los. In solchen Fällen hilft nur noch eines: Die Flucht ins fiktive Bonn! Das ist das Bonn der großen Literatur, der düsteren Krimis und des Films. Hier ein paar Tipps für dich zum Schmökern und Anschauen:

Bonn zum Lesen

In Bonn haben einige weltberühmte Schriftsteller zumindest zeitweise gelebt oder studiert: Heinrich Heine, Karl Marx und Friedrich Nietzsche, der französische Avantgardist Guillaume Apollinaire und der italienische Literaturnobelpreisträger Luigi Pirandello. Der umstrittene nationalistische Dichter Ernst Moritz Arndt hatte in Bonn eine Professur inne und ist hier 1860 gestorben.

Viele weitere Autoren – darunter Mary Shelley, Lord Byron und Hans Christian Andersen – haben auf Reisen entweder jene malerische Kleinstadt am Rhein aufgesucht, als die Bonn in der Romantik galt oder mehr als hundert Jahre später die politische Metropole der Bundesrepublik. Längst nicht alle von ihnen haben über Bonn geschrieben oder Bonn zum Schauplatz eines Werkes gemacht – einige aber schon:

Wolfgang Koeppen: Das Treibhaus (Suhrkamp)

Zu den Beobachtern der frühen Bundeshauptstadt gehörte der deutsche Romancier Wolfgang Koeppen, der seinen zweiten Roman „Das Treibhaus" (1953) im Bonn der frühen fünfziger Jahre spielen lässt. Hauptfigur ist der intellektuelle Exilant Keetenheuve, der als SPD-Abgeordneter ein Außenseiter im opportunistischen Parlamentsalltag unter Adenauer bleibt und politisch wie persönlich scheitert. Nach dem Krieg und dem Tod seiner Frau bleibt ihm auch im scheinbar beschaulichen Bonn wenig erspart. Keetenheuve muss mitansehen, wie die Funktionäre des alten Systems wieder nach oben gespült werden – von einer Zeitströmung, der auch er sich nicht entgegenstellen kann. Intrigen seiner Parteifreunde sowie des politischen Gegners setzen ihm zu. Frustriert treibt es ihn nachts auf die Straßen Bonns, wo er einsam und mit einer fatalen Schwäche für jugendliche Frauen schließlich die sechzehnjährige Lena verführen will. Ja, und dann endet alles auf einer Brücke ...

Heinrich Böll: Ansichten eines Clowns (dtv)

Mit seinem gesellschaftskritischen Roman „Ansichten eines Clowns" (1963) hält Heinrich Böll der scheinbar perfekten und im neuen Wohlstand lebenden Nachkriegsgesellschaft den Spiegel vor.

Die Beziehung des einst erfolgreichen Clowns Hans Schnier zu seiner Lebensgefährtin Marie Derkum zerbricht an unterschiedlichen Wert- und Moralvorstellungen in Bezug auf eine gemeinsame Eheschließung. Verzweifelt und pleite, versucht er Hilfe bei seinen Eltern, die bis zum Kriegsende überzeugte Nationalsozialisten waren, sowie anderen Verwandten und Bekannten zu finden. Doch er fühlt sich von niemandem verstanden und entlarvt alle als heuchlerisch.

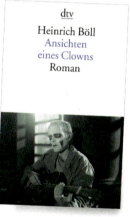

Angeekelt von der Gesellschaft, in der er lebt, bettelt der Clown am Ende auf den Stufen des Bonner Bahnhofs und stimmt mit seiner Gitarre ein bitteres Lied auf die verlogene Nachkriegsgesellschaft an, die unter ihrem schönen Schein ihre Vergangenheit noch längst nicht aufgearbeitet hat.

John le Carré: Eine kleine Stadt in Deutschland (List)

Der Brite David Cornwell arbeitete zwar vorgeblich als Diplomat der britischen Botschaft in Bonn, tatsächlich aber war er ein Agent des Auslandsgeheimdienstes MI6. Diese Tätigkeit scheint ihn allerdings nicht ausgefüllt zu haben, denn er begann, nebenbei Romane zu schreiben, die er bald unter einem Pseudonym veröffentlichte: dem heute weltbekannten Namen „John le Carré".

Seine Erfahrungen hat er in dem Spionageroman mit dem Originaltitel „A Small Town in Germany" (1968) verarbeitet. Und der Plot ist heiß: Alan Turner kommt aus London nach Bonn, um das Verschwinden des Botschaftsangestellten Leo Harting zu untersuchen. Bald findet er heraus, dass Harting einem politisch einflussreichen Industriellen auf der Spur war, der als SS-Offizier in Menschenversuche verwickelt gewesen war. Es kommt zu einem Einbruch, Polizeieinsatz, Attentat, Mord und einem spannenden Finale – und das (fast) alles im ständig nebligen, verregneten Bonn!

Wilhelm Schmidtbonn: Der dreieckige Marktplatz (Bouvier)

Fast als eine Art Bonner Haus- und Heimatautor, der außerhalb des Rheinlandes kaum und in der Bonner Umgebung vor allem Regionalhistorikern noch bekannt ist, kann der 1876 hier geborene Wilhelm Schmidt gelten. Schmidt legte sich als Bekenntnis zu seiner Heimatstadt das Pseudonym Wilhelm Schmidtbonn zu, unter dem er Theaterstücke und Erzählwerke verfasste, die überwiegend in seinem rheinischen Umfeld spielten. Der Roman „Der dreieckige Marktplatz" (1935), eine packende Bonner Familien- und Liebesgeschichte aus den letzten Jahrzehnten des 19. Jahrhunderts, ist heute noch sein bekanntestes Buch.

Krimis

Gisbert Haefs: Und oben sitzt ein Rabe (KBV)

Natürlich spielen auch Krimis gleich mehrerer Autoren in Bonn, und zwar nicht wenige. Der vielleicht beste unter ihnen ist der Bonner Übersetzer, Biograph und Autor Gisbert Haefs, aus dessen Feder die Reihe um den vielseitig begabten Freizeitdetektiv Baltasar Matzbach stammt – wohl einer der originellsten Charaktere im gesamten deutschen Krimipersonal: So geht der literaturliebende Detektiv in „Und oben sitzt ein Rabe" (1983), dem zweiten Matzbach-Krimi, davon aus, dass ein des zweifachen Mordes an seiner Frau und deren Liebhaber dringend verdächtigter Mann kein Mörder sein könne, weil er einen Raben als Haustier besitzt, den er „Poe" getauft hat und mit Kaviar und Marmelade füttert.

Nadine Buranaseda: Seelengrab (Droste)

Tollen Bonner Krimischreiber-Nachwuchs gibt es mit Nadine Buranasedas Thriller „Seelengrab" (2010). Wer die Bonner so anschaut, sollte nicht meinen, dass einer von ihnen ein Serienmörder sein könnte. Andererseits müsste uns ja bekannt sein, dass man Serienmördern ihr finsteres Treiben selten ansieht. Was allerdings in diesem hier wirklich fies ist: die Verknüpfung des düstersten aller Krimimotive mit dem fröhlichen rheinischen Karneval! Ein nervenaufreibender Fall für Kommissar Lutz Hirschfeld.

Bonn im Film

Bonn bietet nicht nur spannenden Stoff zum Lesen, sondern macht auch auf der Mattscheibe und der Leinwand eine gute Figur. Zwar sind Filme, die ausschließlich in Bonn spielen nicht unbedingt an der Tagesordnung, aber es gibt sie. Einige der wichtigsten und dramatischsten Streifen findest du hier:

Angst vor der Angst

Rainer Werner Fassbinders Fernseh-produktion „Angst vor der Angst", die eher zu seinen unbekannteren Arbeiten zählt, zeichnet den Leidensweg der Hausfrau Margot Staudte nach. Obwohl – oder weil – in geordneten kleinbürgerlichen Verhältnissen lebend, beginnt sie plötzlich unter Angstattacken zu leiden, die sie mit Valium und Alkohol vergeblich zu kontrollieren versucht. Nach dem Aufenthalt in einer Klinik rät man Margot schließlich nur dazu, sich durch Arbeit abzulenken ...

Warum läuft Herr R. Amok?

Herr R. aus dem berühmt-berüchtigten Fassbinder-Film „Warum läuft Herr R. Amok?" (1970) ist wohl auch ein Bewohner Bonns gewesen und Herr R. wird ebenso wie der verzweifelt wirkende Nachbar der Staudtes aus „Angst vor der Angst" von Kurt Raab gespielt. Die beiden Filme eignen sich also hervorragend für einen deprimierend-sozialkritischen Bonner Double-Feature-Filmabend.

Kelly Bastian – Geschichte einer Hoffnung

Der Fernsehfilm „Kelly Bastian – Geschichte einer Hoffnung" kann natürlich in keiner anderen Stadt spielen. Die in WGs und vor Werkstoren spielende Romanze erzählt von politischen und privaten Streitigkeiten der Friedensaktivistin Petra Kelly und des 24 Jahre älteren Bundeswehrgenerals Gert Bastian:

Nachdem sich die späteren Bundestagsabgeordneten der Grünen bei einer Demonstration ineinander verliebt haben, wird die Beziehung immer mehr von Kellys rastlosem Engagement und dessen bescheidenen Erfolgen überschattet. Nach Enttäuschung und Rückzug aus der Politik endet die Beziehung gewaltsam: 1992 erschießt Gert Bastian seine Lebensgefährtin und sich selbst in ihrer gemeinsamen Wohnung in Bonn-Tannenbusch.

Tatort: Tote Taube in der Beethovenstraße

Einen Tatort aus Bonn? Gibt es nicht, gab es aber mal! Am 7. Januar 1973 war es so weit und die Bonner Tatort-Folge „Tote Taube in der Beethovenstraße" flimmerte über die Mattscheibe der Republik. Doch die bizarre Geschichte um den Privatdetektiv Sandy vom amerikanischen Regisseur Samuel Fuller überforderte das deutsche Fernsehpublikum, weshalb viele auch sofort zum Telefon griffen und sich beim WDR beschwerten. Kurios: Gedreht wurde komplett auf Englisch und erst anschließend auf Deutsch synchronisiert.

Das Treibhaus

Und dann spielt Bonns städtische Kulisse auch noch mal auf der Leinwand die Hauptrolle: In der semidokumentarischen Adaption des schon genannten Koeppen-Romans „Das Treibhaus" mit Christian Doermer und Hanns Zischler aus dem Jahr 1987 erschließen sich dir die Abgründe des Bonner Nachkriegsdeutschlands äußerst eindrücklich. Passend untermalt mit Musik von Richard Wagner.

Köbes

Fasteloo~

Fasteloovend

Flönz

Fiese Möpp

Faste~

Kamälle

Bützje

§§

Bützje

§

Fastelo~

jäck

§§

Sprachregeln

und nützliche

Vokabeln

Bützje

steloovend

Fasteloovend

Flönz

äck

Flönz

Bützje

§

Kamälle

öbes

Köbes

§

Fasteloo

Köbes

§

Flönz

jäck

§

§

Kamälle

üs

Bützje

Köbes

Fasteloovend

Auch Bonner können in der Regel sprechen. Und von dieser Fähigkeit machen sie regen Gebrauch. Damit du mitreden kannst, ohne als sprachlicher Exot aus Schwaben, Sachsen oder Bayern zu gelten, der immer nur die Hälfte mitbekommt, erfährst du hier alles Wichtige zum „Bönnsch", der hiesigen Mundart. Wenn du einen Bonner oder eine Bonnerin einmal trotzdem nicht verstehst, eignet sich übrigens der folgende Satz: „Ich verstonn üsch net, ihr mött e bissje laute spreche!"

Allgemeine Regeln

§ 1 Aus zwei mach eins!

Ja, der Rheinländer redet gerne. Und damit er seine Monologe mit möglichst vielen Informationen anreichern kann, bevorzugt er die komprimierte Form der Sprache. Wie er das schafft? Er packt zwei Wörter einfach in eins zusammen. Die Frage „wie geht's?" bzw. „wie ist es?" wird in „wie isset?" zusammengefasst. Da musst du manchmal schon ganz genau hinhören, um die zwei Wörter auch wirklich im Dialekt-Dickicht zu identifizieren. „Haben wir" wird schnell zu „hamme" oder „gehen wir" zu „jomme".

§ 2 Du suchst ein Wort mit „g"? Dann schau mal unter „j" nach!

Die harte Aussprache von bestimmten Konsonanten liegt dem Rheinländer nicht, denn nur ohne sie wird sein „Gesabbel" zu einer gelungenen Gesamtkomposition. Manch ein Wort, das dir mit dem Buchstaben „g" im Anlaut bekannt ist, findest du im Bönnsch mit einem „j". Wenn du also mal mit einem Bonner Urgestein Scrabble spielen willst, kannst du den Buchstaben „g" direkt aussortieren (siehe auch § 4). So wird aus „genau" „jenau", aus „Gans" „Jans", aus „Glanz" „Jlanz" und das liebe „Geld" heißt hier „Jäld". Mit dem letzten Beispiel sind wir schon direkt bei der nächsten Regel.

§ 3 Such den Fehler! Wenn aus einem „e" ein „ä" wird.

„Jäld"? Was macht denn das „ä" da? Das „ä" ist öfters mal zur Stelle, wenn dem Rheinländer das „e" zu hell klingt. Das ist auch bei „Dräck", „Ängel", „Ängländer", „Wäcker" und „Himmel un Äd" der Fall. Um die Aussprache fachmännisch einzustudieren, bestell letzteres beim Köbes im Brauhaus und lass ihn die Bezeichnung des Gerichts gleich viermal wiederholen. Und nach ein, zwei „Bönnsch" oder „Pöppsch" ist das rheinische „ä" dann gar kein Problem mehr für dich.

§ 4 Der Versuch eines Rachenlauts: „ch" statt „g"

Nein, du befindest dich nicht in den Schweizer Alpen, du stehst möglicherweise gerade auf dem Bonner Marktplatz und die Marktfrau wünscht dir mit einem mehr oder weniger überschwänglichen „Tach!" einen guten Tag. Diese Nuance eines Rachenlautes wird dir in Bonn wahrscheinlich öfters über den Weg laufen. Und zwar immer dann, wenn aus dem „g" ein „ch" wird: „wenich" (wenig), „Könich" (König) oder „frooche" (fragen).

§ 5 Weil's so schön klingt: die langen Vokale

Zu den langen Vokalen im Rheinischen zählen ee, ää, oo und öö. Auch hier gilt: Wenn du die Aussprache professionell trainieren möchtest, begib dich an den Marktstand deines Vertrauens und lass die Marktfrau Produkte wie „Ääpele" oder gar die morphologische Steigerung, „Äädääpele", mehrfach wiederholen. Dann klappt es auch bei dir bald mit den langen Vokalen. Die begegnen dir im Übrigen auch noch fernab der Marktstände. Nämlich im Karneval „Fasteloovendswööbche" (Fastnachtskostüm), beim sommerlichen Abendspaziergang am Rhein „Fläädermus" (Fledermaus) oder auf der grünen Wiese „Jänseblöömche" (Gänseblümchen).

§6 Der Artikel – der verkannte Star unter den Wortarten

Im Rheinland muss der Artikel sein Licht nicht unter den Scheffel stellen, denn ihm gebührt hier große Aufmerksamkeit. So gehört z. B. in der Sprachlandschaft dieser Region vor jeden Namen der dazugehörige Artikel. So hat „der Peter" letztens zu „der Lisa" gesagt, dass „dem Markus sein" Auto letzte Woche ein „Knöllche" verpasst worden sei. Neben dem Artikel vor Eigennamen musst du dich wohl oder übel auch an „dem Genitiv seine" sehr eigensinnige Form gewöhnen, die zu Beginn noch etwas in den Ohren schmerzt.

§7 Immer dieser Infinitiv

Der Infinitiv, also die schlichte Grundform des Verbs, wird hier im Rheinland besonders intensiv benutzt. Dabei steht er aber nicht gerne alleine in einem Satz, sondern ist unzertrennlich mit einem „am" verbunden: „Ich bin am Ässe" (Essen) oder „am Läse" (Lesen). Da dauert nicht nur die Aussprache des Sachverhalts länger, nein, die geschilderte Tätigkeit wird wohl auch noch eine Weile zelebriert. Denn genau das sagt dir diese spezielle Form: Es dauert noch!

§8 Die Kunst der Verniedlichung

Alles, was man verniedlichen kann, klingt gleich schon viel sympathischer. So denkt sich das auch der Rheinländer und nutzt gleich ganz viele unterschiedliche Anhängsel, um eine Verniedlichung auszudrücken. Diese variieren zwischen „che", „je", „kes" oder „sche". Ein kleines schwarzes Kätzchen heißt hier „Möörche", eine rege Unterhaltung führen „Vertellerkes machen", der Schatz wird schnell zum „Schätzje" und die Schwelle auf der Straße zum „Hübbelschen". Keine einfache Sache!

§9 Es geht noch komplizierter: Aus „b" wird häufig „v"

Bei manchen Wörtern fragt man sich, wie sie wohl zustande kommen. Wenn in einem Wort ein „b" nach einem Vokal auftaucht, wird

es oft durch ein „v" ersetzt, wie bei „häve" (heben) oder „äver" (aber). Das kann natürlich auch sehr kompliziert wirkende Wortformen ans Tageslicht bringen, wie beispielsweise „överjlöcklich" (überglücklich).

10 Ein Satz ohne „r"

Der Rheinländer kann Unterschiede in der Regel sehr gut erkennen. Aber er hat eben auch ein ganz besonders großes Herz – und deshalb ignoriert er sie häufig einfach. Die Endungen „-e" und „-er" z. B. behandelt er einfach gleich. Auf gut Bönnsch klingt das dann so: Bonne Männe-Jesangsve'een (Bonner Männer-Gesangsverein).

11 Die 11. Regel ist die Karnevalsregel

Wie allseits bekannt, wird die fünfte Jahreszeit im Rheinland ausgiebig zelebriert. So auch in Bonn. Hier ist der Rosenmontagszug natürlich im Vergleich zu Köln etwas kleiner geraten, aber es gibt ihn. Und darüber hinaus noch ein beachtliches Repertoire an anderen karnevalistischen Aktivitäten. Du solltest dich also zumindest mit einigen entsprechenden Vokabeln ausstatten.

Um möglichst viel Wurfzeug vom Wagen zugeschmissen zu bekommen, brauchst du neben einem auffälligen Kostüm noch zwei Wörter, die du auch nach einigen Gläsern Kölsch oder Bönnsch noch brüllen kannst: „Strüüsje!", das sind die kleinen Blumensträußchen, und „Kamälle!", die Süßigkeiten. Wenn du ein weibliches Wesen bist, mach dich auf ziemlich viele „Bützje" gefasst, was übersetzt Küsschen sind. So weit alles klar? Prima!

Du magst keinen Karneval? Sei froh, dass du in Bonn wohnst und nicht in Kölle. Ach, und eine Regel für den Hochruf im Karneval gibt es auch noch: In Bonn ruft man „Bonn Alaaf!" – nur, damit du dich nicht mit einem inbrünstigen „Helau" ins Fettnäpfchen setzt – die Stadt mit dem Narren-Schlachtruf „Helau" ist nämlich Düsseldorf ... böser Fauxpas!

Bonn   endlich

endlich

dlich   Bonn

Vokabeln für den Alltag

Tach!	Tag!
Tschöö!	Tschüss!
wie isset?	wie geht's?
joo	ja
nää	nein
Fasteloovend	Fastnacht, Karneval
Bützje	küsschen
Strüüsje	Neben kamälle die wichtigste Vokabel im Karneval: kleine Blumensträuße
jäck	irre, närrisch
Büdche	Kiosk
Böötche	Fährboot
Et kütt wie et kütt	Es kommt wie es kommt
Funzel	spärliches Licht
I woo!	Ach Quatsch, nie im Leben
kuddelmuddel	Unordnung, Durcheinander
lecker	hübsch, lieb
Loss jonn!	Nun komm endlich! Aber auch: Hau rein!

Fiese Möpp	gemeiner, fieser, gerissener Mensch
Isch hann disch jään.	Liebes- oder Zuneigungsbekundung
die Pimpernölles kriegen	ungeduldig, nervös werden
Veedel	(Stadt-)Viertel
Pänz	Kinder

kulinarisches

Flönz	Blutwurst
Halver Hahn	Ein halbes Hähnchen? Nein, das ist ein Käsebrot oder Roggenbrötchen mit Käse belegt!
Himmel un Äd	Kartoffelbrei und Apfelpüree mit gebratener Blutwurst. Kann man mögen, muss man aber nicht.
Köbes	Der bringt Speis und Trank im rheinischen Brauhaus.
Kölsch	Nicht nur der kölner Dialekt, sondern auch das Bier.
Bönnsch	Kann man ebenfalls sprechen und trinken.
Äädääpele	Kartoffeln
Ääpele	Äpfel
Weckmann	Süßes Hefegebäck in Form eines Männchens, meist mit Augen aus Rosinen und einer Tonpfeife
Muuzemändelche	in Fett gebackenes Teiggebäck in Mandelform

Stuten	süßes Weißbrot, gibt es auch als Rosinenstuten
Suerbroode	rheinischer Sauerbraten: Sauer eingelegter Schmorbraten mit Rosinen, Nelken und anderen Gewürzen. Vorsicht! Gibt es als Rinderschmorbraten und als Pferdeschmorbraten.
Mostert	Senf
Ääpelkooche	Apfelkuchen
Rögelche	Brötchen aus Roggenmehl
Dröppchen	kleines Schnäpschen
Pittermännchen	kleines Fass Bier – meist kölsch, versteht sich.
Promekooche	Pflaumenkuchen
Kamälle	Die beste Vokabel, um beim Karneval nicht leer auszugehen: Bonbons!

Und wenn gar nichts geht, dann geht immer noch ein:

Bütterken	Butterbrot

Bildverzeichnis

Bildnachweis Cover:
Grafische Gestaltung: © rap verlag / www.gudrunbarthdesign.com
Foto Titel: © SEB – www.sebfoto.de – stock.adobe.com
Foto Buchrückseite: © Thomas Hendele – www.thomashendele.de – Pixabay

Bildnachweis Inhalt:
Die Bildrechte liegen beim Verlag. Abweichende Bildrechte:
S. 10–21, 23–36, 39, 47, 51 li., 52, 57 u., 60, 61, 65, 73 o., 121, 131, 132, 139, 145, 176, 186–190, 220, 231, 233, 252 © rap verlag, Fotos: Diana-Isabel Scheffen; S. 22 © Michael Sondermann/Bundesstadt Bonn; S. 37, 38, 40–46, 48, 51 re., 53–57 o., 58 © rap verlag, Fotos: Sarah Schönfeld; S. 66 © Tony Hancock, Velocity Bonn; S. 70 © rap verlag, Foto: Uwe Kersting; S. 73 u. © Joachim Kreft – Fotolia.com; S. 79 © Momo Naturkost; S. 86 © singidavar – Fotolia.com; S. 96, 116 © Brauhaus Bönnsch; S. 97 © Ristorante La Vita; S. 98 © bobmachee – Fotolia.com; S. 100 © Kugelfisch Sushi (Filiale Beuel); S. 102 © Burgermanufaktur; S. 104 © Pendel; S. 110 © Black Coffee Pharmacy; S. 122 © Havanna; S. 130 © Michael Sondermann/Bundesstadt Bonn; S. 133 © Wasserski Langenfeld; S. 137, 152 © Bronx Rock Kletterhalle GmbH; S. 142 © beeandbee, Antonio Nardelli – Fotolia.com; S. 149 © Aggua Troisdorf GmbH; S. 150 © monte mare, Foto: Marc Hillesheim; S. 152 o. © Boulders Habitat; S. 155 © Eissporthalle Troisdorf; S. 165 © Das Sofa; S. 166 © Die N8schicht; S. 174 © Meyer's; S. 176 © Schloss Drachenburg gGmbH, Foto: Christoph Fein; S. 177 © Phantasialand; S. 178 © Max Ernst Museum, Foto: Hans-Theo Gerhards; S. 179 © Geysir.info gGmbH; S. 180 © Museum Ludwig; S. 185, 197, 222, 224 © Michael Sondermann/Bundesstadt Bonn; S. 194 © Rex-Lichtspieltheater; S. 199 © tik – theater im keller; S. 201 © Pantheon; S. 202 © Theater Springmaus; S. 204 © Beethoven-Haus; S. 206 © Kunst und Ausstellungshalle der Bundesrepublik Deutschland Bonn, Foto: Tania Beilfuß; S. 207 © Deutsches Museum; S. 209 © Beethoven-Orchester, Foto: Thilo Beu; S. 210 © Harmonie; S. 212, 213 © Buchhandlung Böttger; S. 216 © Tourismus & Congress GmbH Bonn/Rhein-Sieg/Ahrweiler; S. 218 © Skytours Ballooning GmbH; S. 219 © Bonner Bierbörse; S. 225 © Sonja Werner; S. 226 © Green Juice Festival, Foto: Rainer Keuenhof; S. 237 © dtv; S. 238 © List Verlag; S. 239 o. © KBV; S. 239 u. © Droste Verlag; S. 240 © Studiocanal – Arthaus; S. 263 Stadtplan: Eigene Darstellung, Daten von openstreetmap.org © OpenStreetMap-Mitwirkende, Veröffentlicht unter Open Database Licence (ODbL) 1.0 Der Stadtplan in der Bearbeitung des rap verlages ist frei zugänglich unter: https://rap-verlag.de/endlich-bonn-plan.html

Der Verlag bedankt sich bei allen Institutionen und Firmen, die uns Informationen und Fotos zur Verfügung gestellt haben. Die entsprechenden Rechte verbleiben bei den jeweiligen Rechteinhabern.

Diana-Isabel Scheffen, geboren 1985 in Bonn, studierte Anglistik/Amerikanische Sprache und Literatur, Komparatistik und Politische Wissenschaft – natürlich an der Universität Bonn, denn sie ist Bonnerin mit Leib und Seele. Sie arbeitet für die Abteilung Politischer und Kultureller Wandel des „Zentrums für Entwicklungsforschung" (ZEF) in Bonn. Weil das

kreative Schreiben ihre große Leidenschaft ist, verfasst sie neben ihrer beruflichen Tätigkeit Essays und Geschichten.

Für die redaktionelle Überarbeitung und Aktualisierung von „Endlich Bonn!" ist sie auch in die entlegensten Winkel der ehemaligen Bundeshauptstadt vorgedrungen: Sie hat das Elefantenrennen in Graurheindorf angeschaut, mit der Nixe den Rhein überquert, die Binnendüne in Tannenbusch erkundet und Stand Up Paddling auf dem Rhein ausprobiert habe – all das, um die spannendsten und schönsten Seiten ihrer Heimatstadt für dieses Buch einzufangen.

Im rap verlag ist von Diana-Isabel Scheffen gemeinsam mit Andrea Tuschka außerdem **Das Lehrer-Kochbuch** erschienen: Das Humorvolle Geschenkbuch für alle Referendar*innen und Lehrer*innen präsentiert Rezepte zu allen relevanten Schulfächern, vom Ratatouille der Elemente über Matjes mit √-Gemüse bis zur Gerichtinterpretation. Zum Lesen, Schmunzeln und Nachkochen.

EINE STADT IST NICHT GENUG!

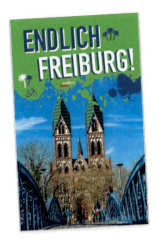

Im Buchhandel oder unter www.rap-verlag.de

Bonn endlich

endlich

dlich

Bonn

Touri-Tour S. 187

1 Beethoven-Haus
2 Altes Rathaus
3 Koblenzer Tor
4 Alter Zoll
5 Hauptgebäude der Uni
6 Poppelsdorfer Allee
7 Poppelsdorfer Schloss
8 Botanischer Garten
9 Münster
10 Beethoven-Denkmal
11 Sterntor
12 Friedensplatz

Kulinarische Lieblingsplätze

im Bonner Zentrum

Kaffee – mehr ab S. 108

- **Ⓐ** Kessel's Espresso Studio (Friedrichstr. 54) S. 114
- **Ⓑ** CONTIGO Fair Trade (Wenzelgasse 19) S. 113
- **Ⓒ** Café Müller–Langhardt (Markt 36) S. 114
- **Ⓓ** Wonnetörtchen (Rheingasse 4) S. 115
- **Ⓔ** Café Blau (Franziskanerstr. 9) S. 110
- **Ⓕ** Café Sahneweiß (Kaiserstr. 1d) S. 112
- **Ⓖ** Café Orange (Fritz-Tillmann-Str. 6) S. 112
- **Ⓗ** Antiquarius (Bonner Talweg 14) S. 109
- **Ⓘ** Black Coffee Pharmacy (Bonner Talw. 46b) S. 109
- **Ⓙ** apfelkind (Argelanderstr. 48) S. 109

Bier – mehr ab S. 115

- **Ⓚ** Die Wache (Heerstr. 145) S. 117
- **Ⓛ** BLA (Bornheimer Str. 20–22) S. 116
- **Ⓜ** Brauhaus Bönnsch (Sterntorbrücke 4) S. 116
- **Ⓝ** Im Stiefel (Bonngasse 30) S. 118
- **Ⓞ** Em Höttche (Markt 4) S. 117
- **Ⓟ** Bellini Bar (Rathausgasse 38) S. 116
- **Ⓠ** Blow Up (Sterntorbrücke 7) S. 117
- **Ⓡ** Zebulon (Stockenstr. 19) S. 118
- **Ⓢ** Biergarten Alter Zoll (Brassertufer 1) S. 118

Wein – mehr ab S. 120

- **Ⓣ** Weinkommissar (Friedrichstr. 20) S. 121
- **Ⓤ** La Cigale (Friedrichstr. 18) S. 120

Cocktails – mehr ab S. 122

- **Ⓦ** Shaker's (Bornheimer Str. 26) S. 122
- **Ⓧ** Che Guevara (Münsterstr. 9) S. 122
- **Ⓨ** Take Two (Rathausgasse 15) S. 122

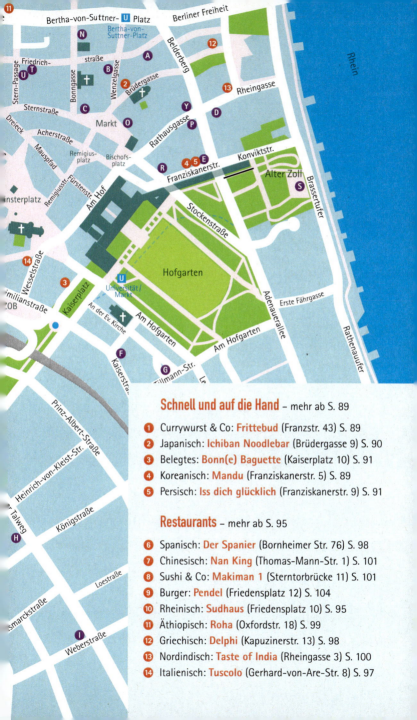

Schnell und auf die Hand – mehr ab S. 89

1. Currywurst & Co: **Frittebud** (Franzstr. 43) S. 89
2. Japanisch: **Ichiban Noodlebar** (Brüdergasse 9) S. 90
3. Belegtes: **Bonn(e) Baguette** (Kaiserplatz 10) S. 91
4. Koreanisch: **Mandu** (Franziskanerstr. 5) S. 89
5. Persisch: **Iss dich glücklich** (Franziskanerstr. 9) S. 91

Restaurants – mehr ab S. 95

6. Spanisch: **Der Spanier** (Bornheimer Str. 76) S. 98
7. Chinesisch: **Nan King** (Thomas-Mann-Str. 1) S. 101
8. Sushi & Co: **Makiman 1** (Sterntorbrücke 11) S. 101
9. Burger: **Pendel** (Friedensplatz 12) S. 104
10. Rheinisch: **Sudhaus** (Friedensplatz 10) S. 95
11. Äthiopisch: **Roha** (Oxfordstr. 18) S. 99
12. Griechisch: **Delphi** (Kapuzinerstr. 13) S. 98
13. Nordindisch: **Taste of India** (Rheingasse 3) S. 100
14. Italienisch: **Tuscolo** (Gerhard-von-Are-Str. 8) S. 97

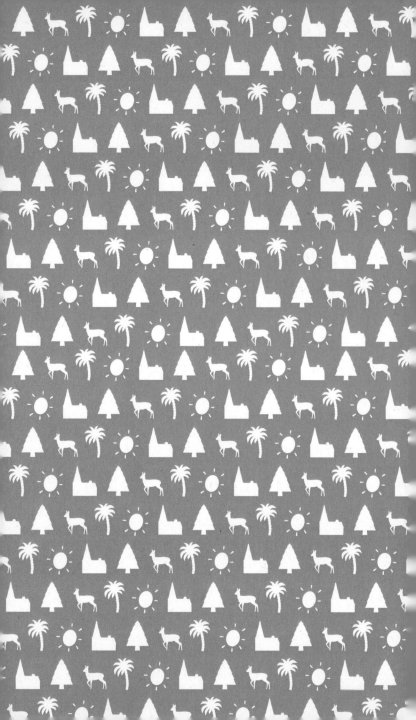